Mein buntes
Geschichtslexikon

arsEdition

Illustrationen

Peter **Allen**
Jacques **Azam**
Robert **Barborini**
Cyrille **Berger**
Émile **Bravo**
Alice **Charbin**
Clément **Devaux**
Vincent **Desplanche**
Nathalie **Dieterlé**
Bruno **Heitz**
Olivier **Latyk**
Mauro **Mazzari**
Éric **Meurice**
Muzo
Pronto
Béatrice **Rodriguez**
Rémi **Saillard**
Anne **Wilsdorf**

Umschlagillustrationen und historische Figuren:
Émile **Bravo**

Artdirector der Originalausgabe: F. Houssin & C. Ramadier pour DOUBLE
Redaktion der Originalausgabe: Françoise Vibert-Guige, Delphine Godard, Anne-Marie Lelorrain
Programmleitung der Originalausgabe: Dominique KORACH · Herstellung der Originalausgabe: Jacques Lannoy

Bibliografische Information der Deutschen Bibliothek

Die Deutsche Bibliothek verzeichnet diese Publikation in der Deutschen Nationalbibliografie;
detaillierte bibliografische Daten sind im Internet über http://dnb.ddb.de abrufbar.

1. Auflage 2003

© 2002 by Larousse / VUEF · Titel der Originalausgabe: Mon premier Larousse de l'histoire
© 2003 für die deutsche Ausgabe: arsEdition GmbH, München · Alle Rechte vorbehalten
Aus dem Französischen von Angelika Seifert · Umschlaggestaltung der deutschen Ausgabe: Christina Krutz
Bearbeitung der deutschen Ausgabe: Angelika Seifert · Redaktion der deutschen Ausgabe: Ina Schumacher
Textlektorat der deutschen Ausgabe: Bettina Gratzki · Produktion: Detlef Schuller
ISBN 3-7607-4801-5

www.arsedition.de

Mein buntes
Geschichtslexikon

arsEdition

Inhalt

Die Zeit der Dinosaurier	6
Der Mensch erscheint	8
Eine vorgeschichtliche Siedlung	10
Das Leben der Cro-Magnon-Menschen	12
Die Erfindung des Ackerbaus	14
Dolmen und Menhire	16
Die Erfindung der Schrift	18
Die Schreiber	20
Das alte Ägypten	22
Die Pharaonen	24
Die ägyptischen Götter	26
Das Geheimnis der Mumien	28
Im Reich der Toten	30
Das Geheimnis der Hieroglyphen	32
Das Alte Testament	34
Abraham und Moses	36
Das Gelobte Land	38
Die Chinesische Mauer	40
Erfindungen im alten China	42
Das Leben Buddhas	44
Das alte Griechenland	46
Die Sage des Minotauros	48
Die Götter des Olymp	50
Die Olympischen Spiele	52
Die zwölf Taten des Herakles	54
Die Abenteuer des Odysseus	56
Alexander der Große	58
Rom, Hauptstadt eines Weltreichs	60
Zirkusspiele für das Volk	62
Das römische Heer	64
Die Gallier	66
Römer, Gallier und Germanen	68
Pompeji – eine römische Stadt	70
Das Leben Jesu	72
Das Leben Mohammeds	74
Tausendundeine Nacht	76
Mayas und Azteken	78
Die Inkas	80
Stände im Mittelalter	82
Pagen, Knappen und Ritter	84

Kampf um die Burg	86
Leben in der Burg	88
Ritterheere und Ritterschlachten	90
Leben auf dem Land	92
Leben in der Stadt	94
Dom – Münster – Kathedrale	96
Die Erfindung des Buchdrucks	98
In der Malerwerkstatt	100
Die Karavelle	102
Christoph Kolumbus	104
Die Konquistadoren	106
Süleiman der Prächtige	108
Das Schloss von Versailles	110
Das Leben bei Hofe	112
Der Hof amüsiert sich	114
In Dorf und Stadt	116
Die Pioniere in Nordamerika	118
Welthandel	120
Sklavenhandel	121
Entdeckungsfahrten	122
Piraten und Freibeuter	124
Die Französische Revolution	126

Napoleon I.	128
Die Schlachten Napoleons	130
Die Helden Süd- und Mittelamerikas	132
Die Indianer Nordamerikas	134
Die Eroberung des Westens	136
Die letzten Indianerkriege	138
Die Erfindung der Dampfmaschine	140
Andere umwälzende Erfindungen	142
Der Erste Weltkrieg	144
Der Zweite Weltkrieg	146
Die moderne Welt	148
Technik und Wissenschaft	150
Schutz der Umwelt	152
Sachbegriffe	154
Register	157

Die Zeit der Dinosaurier

Lange Zeit gab es kein Leben auf der Erde. Dann entwickelten sich die ersten Pflanzen und Tiere – und natürlich die berühmten Dinosaurier. Der Mensch entstand erst sehr viel später.

Die **ersten einfachen** Lebewesen, die **Einzeller**, entwickelten sich im Wasser. Dann entstanden Algen, Schwämme, Würmer, Quallen, danach Fische und Frösche. Wasserpflanzen begannen, in fester Erde Wurzeln zu schlagen. Die Lurche, Vorfahren der Reptilien, wagten sich als erste Tiere aufs feste Land.

Die **Dinosaurier** bevölkerten die Erde vor mehr als 200 Millionen Jahren. Es gab die unterschiedlichsten Arten: riesige, haushohe Tiere und kleine, nicht größer als ein Hund. Manche ernährten sich von Pflanzen, andere von Fleisch. Alle zusammen waren sie **Reptilien** – wie heute die Eidechsen. Das Wort Dinosaurier bedeutet auf Griechisch »schreckliche Echse«. Sie hatten eine schuppige Haut und legten Eier. Sie starben lange vor dem Erscheinen der ersten Menschen aus – warum, wissen wir nicht genau.

Der Mensch erscheint

Vor etwa 2,5 Millionen Jahren tauchten die ersten Menschen im afrikanischen Grasland auf: Sie gingen aufrecht auf zwei Beinen und hatten ein größeres Gehirn als die verwandten Menschenaffen.

Auch wenn er sich sehr von anderen Tieren unterscheidet, ist der Mensch ein **Säugetier**. Wie die Menschenaffen gehört er zur Familie der **Primaten**.

Den allerersten Menschen bezeichnen wir als **Homo habilis** (lateinisch: geschickter Mensch), weil er Werkzeuge aus Stein herstellte.

Der **Homo erectus** (lateinisch: aufrecht gehender Mensch) konnte bereits mit Feuer umgehen.

Der erste moderne Mensch ist der **Homo sapiens** (lateinisch: intelligenter Mensch) oder **Cro-Magnon-Mensch**.

Der vor etwa 1 Million Jahren ausgestorbene **Australopithecus** – ein Mittelding zwischen Mensch und Affe – war eine Art »Vetter« des **Frühmenschen**.

Eine vorgeschichtliche Siedlung

Die Frühzeit des Menschen nennen wir vorgeschichtlich. Die Menschen lebten in kleinen Gruppen von mehreren Familien zusammen. Sie ernährten sich von der Jagd und vom Fischfang und von gesammelten Pflanzen wie Wurzeln und Beeren.

Die Menschen der **Ur-** oder **Vorgeschichte** siedelten an Stellen, wo sie vor der Witterung (Regen, Sturm, Hitze, Kälte) und vor wilden Tieren möglichst geschützt waren. Sie bewohnten Höhlen und Felsvorsprünge oder sie errichteten Zelte aus Zweigen und Tierhäuten, bevorzugt an Flussufern.

Die kleinen Gruppen der **Jäger** und **Sammler** blieben nie lange am selben Ort.

Menschen, die auf der Suche nach Nahrung ständig umherziehen, nennt man **Nomaden**.

An geschützter Stelle brannte dauernd das lebensnotwendige **Feuer**. Es diente als Licht- und Wärmequelle, zum Kochen und zur Abschreckung wilder Tiere.

Das Leben der Cro-Magnon-Menschen

Das Leben der Cro-Magnon-Menschen (gesprochen: Kro-manjoh) war mühselig und kurz. Sie mussten sich vor wilden Tieren hüten. Benannt sind sie nach dem Ort des ersten Fundes in Frankreich.

Für **Jagd** und **Fischfang** benutzten sie einfache Geräte: Äxte aus **Stein**, Pfeile aus **Knochen**, Speere aus **Holz**.

Als Herdentier war das **Rentier** leicht zu jagen. Alles wurde verwertet: Die Menschen aßen sein **Fleisch**, zogen sein **Fell** ab und verwendeten **Knochen** und **Geweih** zur Herstellung von Waffen und Geräten.

Außerdem **sammelten** die Cro-Magnon-Menschen essbare **Pflanzen**.

Aus dem weichen und wärmenden Fell des Rens wurden **Kleidung** und **Zelte** gefertigt. **Sehnen** dienten als Fäden, **Nadeln** wurden aus Knochen geschnitzt.

Aus den Knochen stellten die Urmenschen **Waffen** und **Geräte** her: Pfeilspitzen, Schaber, Klingen und vieles mehr.

Beim Schein von Öllampen bemalten die Urmenschen die Höhlenwände mit wunderbaren Bildern. Meist wurden wilde Tiere dargestellt: Pferd, Auerochse, Bison, Mammut, Bär und andere. Sie malten mit Fingern, Stöcken und Blätterbüscheln. Die Farben für die **Höhlenmalereien** fanden sie in der Natur – Rot, Schwarz, Gelb. Wir nehmen an, dass so kunstvoll bemalte Höhlen nicht als Wohnstätten, sondern – ähnlich wie heute Kirchen – als **heilige Orte** dienten, wo die Menschen etwa zur Beschwörung eines **Jagdzaubers** zusammenkamen.

Die Erfindung des Ackerbaus

Die Zeit, in der die Menschen noch kein Metall kannten und ihre Werkzeuge aus Stein herstellten, nennt man Steinzeit. Vor etwa 8000 Jahren, in der Jungsteinzeit, erfanden sie die Landwirtschaft.

In der Jungsteinzeit begannen die Menschen, Pflanzen anzubauen und gezähmte Tiere zu halten. Sie zogen nicht mehr umher, sondern wurden **sesshaft**. Sie hatten mehr zu essen, lebten länger und wurden immer zahlreicher.

Die ersten Holzhäuser wurden errichtet.

Lebensmittel wurden in Gefäßen aus gebranntem Ton aufbewahrt und über dem Feuer gekocht.

Aus der Wolle von Tieren wurden Stoffe gewebt.

In der Jungsteinzeit waren die Menschen nicht mehr auf das Sammeln wild wachsender Pflanzen angewiesen. Als Ackerbauern säten und ernteten sie nun die nahrhaften Körner von **Weizen** und **Gerste**. Sie lebten in **Dörfern** in der Nähe ihrer Äcker und Viehweiden.

Die Steinzeitmenschen hatten gelernt, wie man wilde Tiere **zähmt** und **züchtet**.

Ein Tier, das sie zähmten, war der **Wolf**.

Sie zogen junge, mutterlose Wölfe bei sich auf.

Die gezähmten Wölfe verloren ihr wildes Wesen und wurden zu **Hunden**.

Dolmen und Menhire

Die Menschen der Steinzeit haben riesige Bauten aus Stein errichtet – und dies allein mithilfe ihrer Muskelkraft. Manche dienten als Grabstätten, andere als heilige Orte zur Verehrung der Götter.

Die senkrecht stehenden Steine bezeichnen wir als **Menhire**, während die **Dolmen** mit ihren waagrecht liegenden Steinplatten wie riesige Tische aussehen.

Die Steine, die die Steinzeitmenschen beim Bauen verwendeten, waren bis zu 10 Meter hoch und wogen mehrere Tonnen.

Lange waren sich die Forscher im Unklaren, wie die Menschen damals diese riesigen Steinblöcke transportiert und aufgerichtet hatten.

Mithilfe von Holzbalken wurden die Steine aufgerichtet.

Die Blöcke wurden mit nassen Holzkeilen aus dem Felsen gesprengt. Danach zog man sie mit Seilen über hölzerne Rollen bis zu ihrem Standplatz.

Grabbeigaben, wie Schmuck, Waffen und Gefäße, und der aufwendige Bau von großen **Steingräbern** lassen vermuten, dass die Steinzeitmenschen an ein Leben nach dem Tod geglaubt haben.

Über den Gräbern von Königen wurden **tumuli**, Hügel aus Erde oder Stein, aufgeschüttet.

Mit Seilen zogen sie den Stein über die hölzernen Rollen, bis er in das vorbereitete Loch im Boden glitt und sich senkrecht aufrichtete.

In **Carnac** in der Bretagne in Frankreich steht noch heute eine Reihe von Menhiren.

Der berühmteste Steinkreis aus aufrechten und quer liegenden Steinen befindet sich in **Stonehenge** in England.

Die Erfindung der Schrift

Noch früher als in Ägypten wurde vor über 5000 Jahren im Zweistromland, an den Flüssen Euphrat und Tigris (heute: Irak), die Schrift erfunden. Sie wurde zunächst von Kaufleuten benutzt.

Mesopotamien, wie das **Zweistromland** auch hieß, hatte damals eine blühende **Hochkultur**. Die Menschen lebten in **Städten** mit Palästen, Tempeln und Häusern aus gebrannten **Tonziegeln**.

Um den **Handel** zu vereinfachen, fertigten sie kleine Zeichnungen an, in denen sie ihre Käufe und Verkäufe festhielten.

Ein Zeichen stand z. B. für das Wort »Schaf«, ein anderes für die Anzahl der Schafe.

Die Zeichen ritzten sie mit einem spitzen Stäbchen in ungebrannte **Tontäfelchen**, sodass keilförmige Striche entstanden. Die **Keilschrift** war entstanden.

Die Entwicklung der Zeichen

Stern

Mann

Frau

Vogel

Die Schrift war so wichtig, dass ihre Erfindung Königen zugeschrieben wurde.

Die **Sumerer** (die damaligen Bewohner Mesopotamiens) haben aus ersten Zeichnungen für Begriffe wie »Stern« oder »Vogel« immer einfachere Zeichen entwickelt, bis zuletzt nur noch ein unkenntliches Symbol für den Begriff dastand, dessen Bedeutung der Schreiber auswendig kennen musste.

Die Schreiber

Die Schrift gehört zu den wichtigsten Erfindungen der Menschheit. Gesetzestexte, religiöse Schriften, die Geschichte der Herrscher und wichtige Begebenheiten wurden nun aufgeschrieben.

Vor fast 4000 Jahren ließ König **Hammurabi von Babylon** die Gesetze seines Reiches in einen großen Stein ritzen.

Lesen und Schreiben zu lernen erforderte viel Zeit und Geschick. **Schreiber** waren deshalb hoch gestellte Persönlichkeiten.

Mit der Erfindung der Schrift endet die Vorgeschichte. Das **Altertum** beginnt. Nach den Sumerern haben unter anderem die **Assyrer** und **Babylonier** in Mesopotamien geherrscht.

Nachdem die Tontäfelchen beschrieben waren, wurden sie gebrannt. Der Text konnte nun nicht mehr verändert werden.

Auch Geschichten von Göttern und Helden wurden aufgeschrieben, wie z. B. die des Assyrers **Gilgamesch**, der wilde Tiere gebändigt haben soll.

Das alte Ägypten

Im fruchtbaren Niltal entwickelte sich vor etwa 5000 Jahren eine weitere blühende Hochkultur, die mehr als 3000 Jahre Bestand hatte. Die Herrscher im alten Ägypten nannten sich Pharaonen.

Nil

Wüste

Von oben betrachtet zieht sich der Nil wie ein blaues Band durch die Wüste. An seinen Ufern wachsen Pflanzen (grün). Ohne das Wasser des Nils könnte der Mensch in dieser kargen Wüstengegend nicht leben, weil es fast nie regnet.

22

Da es aber an seiner Quelle, im Hochland von Äthiopien, monatelang regnet, trat der Fluss jährlich über die Ufer, überschwemmte das Niltal und hinterließ **fruchtbaren Schlamm** auf den Feldern, die dann bebaut werden konnten.

Dank der alljährlichen Überschwemmung und der Arbeit der Bauern war Ägypten ein reiches Land. Im ganzen Niltal standen an den Ufern des Flusses Dörfer, Städte, Tempel und Pharaonengräber, darunter die berühmten **Pyramiden** von Giseh.

Die Pharaonen

Die Ägypter nannten ihren Herrscher »Pharao«. Er hatte große Macht über die Menschen, ihm gehörte das Land und er wurde von seinen Untertanen wie ein Gott verehrt.

Königin **Nofretete**, die Frau des Pharaos **Echnaton**, war für ihre Schönheit berühmt.

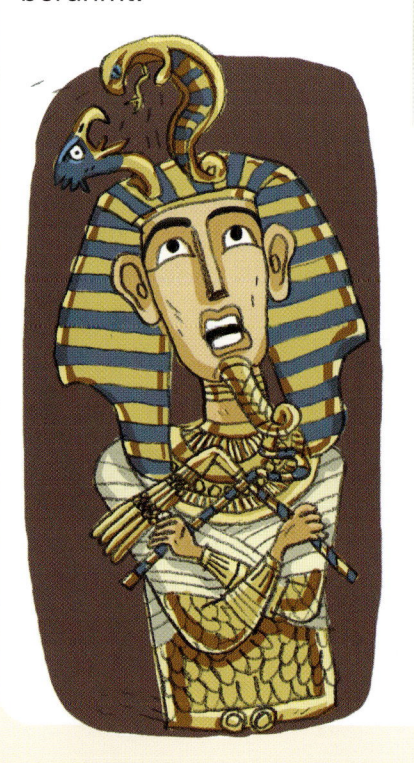

Die **Cheopspyramide** in **Giseh** ist ein gewaltiges Bauwerk: Sie ist mehr als 4500 Jahre alt, 147 Meter hoch und besteht aus etwa 2,4 Millionen Steinen. 100 000 Arbeiter haben ca. 30 Jahre daran gebaut.

Pharao **Tutanchamun** starb schon mit 19 Jahren, nachdem er 10 Jahre lang regiert hatte. 1922 wurde seine **Grabkammer** voll kostbarster Schätze entdeckt. Kein Grabräuber hatte sie vorher geplündert. Die goldene Totenmaske trägt die Zeichen eines Königs: gestreiftes Kopftuch mit **Doppelkrone**, geflochtener künstlicher Bart, Geißel und Krummstab.

Pharao **Ramses II.** wurde 90 Jahre alt. Er regierte 66 Jahre lang und hatte mehr als 100 Kinder. Er eroberte viele Länder und ließ riesige Bauwerke errichten.

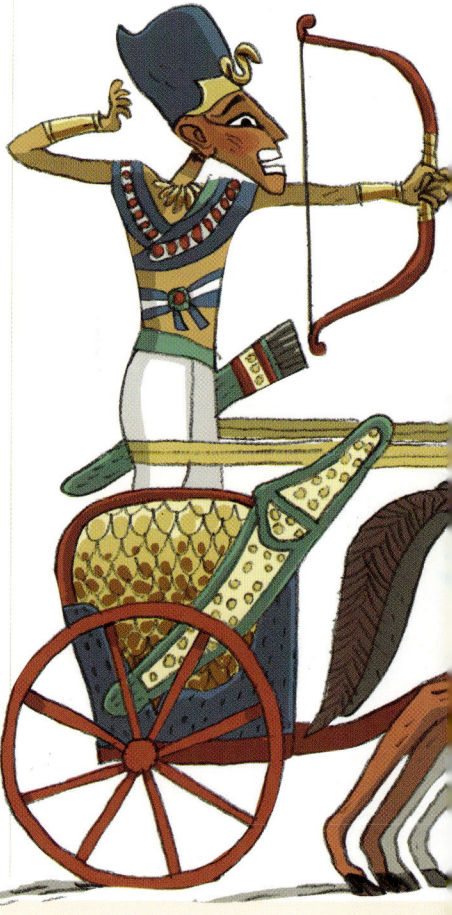

Die Ägypter liebten große Feste mit **Tanz** und **Gesang**.

Die **Sängerinnen** sangen Liebeslieder und spielten dazu auf der **Harfe**.

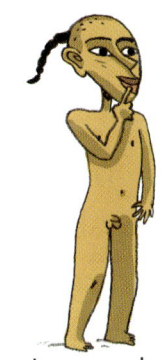

Knaben trugen den Kopf geschoren, nur eine kleine Haarlocke am Hinterkopf blieb stehen.

Die meisten Ägypter bearbeiteten als **Bauern** das Land, das dem Pharao gehörte. Dafür legte der Pharao große **Kornspeicher** für Notzeiten an.

Die ägyptischen Götter

Jede Stadt, jede Oase hatte ihre eigenen Götter. Sie wurden meistens mit Tierköpfen auf Menschenkörpern dargestellt. In der Hand halten sie ein Zepter und ankh, das Symbol für Leben.

Re oder **Ra** war der Sonnengott. Tagsüber war er in einem goldenen Kahn am Himmel unterwegs. Nachts fuhr er durch das Totenreich, wo unzählige Gefahren lauerten. Er wird häufig mit einem **Falkenkopf** und einer **Sonnenscheibe** gekrönt dargestellt.

Hathor war die Göttin der Liebe, der Freude und der Musik. Sie wird als **Kuh** oder als Frau mit Kuhhörnern dargestellt. Sie trägt das **Lilienzepter** der Königinnen.

Der Gott **Amun**, Beschützer der Pharaonen, verschmolz mit dem Sonnengott Re zum **Götterkönig Amun-Re**.

Apis erschien in der Gestalt eines heiligen **Stieres**.

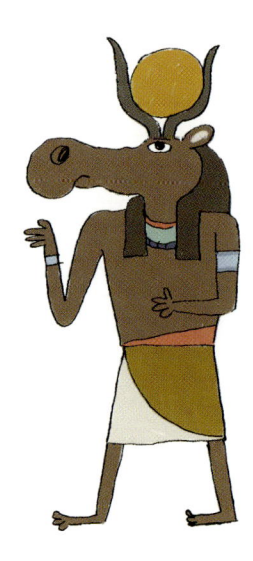

Thot war der Gott der Schreiber und des Mondes. Er wird schreibend dargestellt, mit dem Kopf eines **Ibis**, dessen Schnabel der Mondsichel ähnelt.

Die Sage des Osiris

Osiris wurde von den Göttern zum König der Erde auserwählt. Aber sein Bruder **Seth** tötete ihn aus Eifersucht und verstreute seine Körperteile in ganz Ägypten. **Isis**, die Frau des Osiris, sammelte die Teile auf und setzte den zerstückelten Körper mithilfe von Bandagen zusammen. Als erste Mumie der ägyptischen Geschichte erwachte Osiris wieder zum Leben. Er wurde der **Gott der Toten**. Dargestellt wird er als **Mumie** mit den Zeichen eines Königs: **Krummstab** und **Geißel**.

Isis, Frau des Osiris, war die Göttin des Lebens und der Fruchtbarkeit und die Beschützerin der Familie. Hier ist sie mit dem **ankh**, dem Symbol des Lebens, dargestellt.

Anubis überwachte das Einbalsamieren und Mumifizieren der Toten und führte sie vor das Gericht des Osiris. Er trägt den schwarzen Kopf eines **Schakals**.

Seth, Bruder und Mörder des Osiris, war der Gott der Wüsten, der Unwetter und der Naturgewalten.

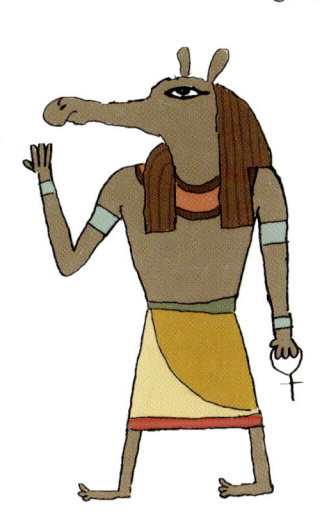

Horus, Sohn von Isis und Osiris, rächte seinen Vater, indem er den Thron Ägyptens zurückeroberte. Er wurde der Beschützer der Pharaonen. Dargestellt wird er als **Falke** mit der Haube der Pharaonen.

Das Geheimnis der Mumien

Die Ägypter glaubten an die Auferstehung des Körpers im Totenreich und ein ewiges Leben nach dem Tod. Deshalb musste der Leichnam erhalten, also konserviert werden.

Zur Konservierung des Leichnams erfanden sie die Kunst der Einbalsamierung und Mumifizierung. Die ganze Zeremonie dauerte 70 Tage. Leisten konnten sich diese aufwendige Prozedur aber nur die Reichen.

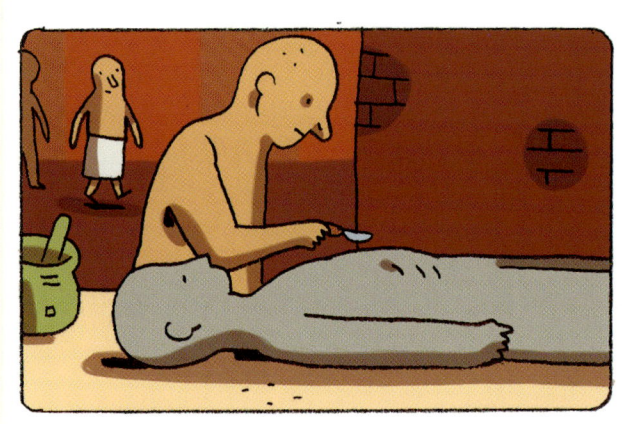

1. Die **Einbalsamierung** wurde von Priestern vorgenommen, unterstützt vom schakalköpfigen Anubis.

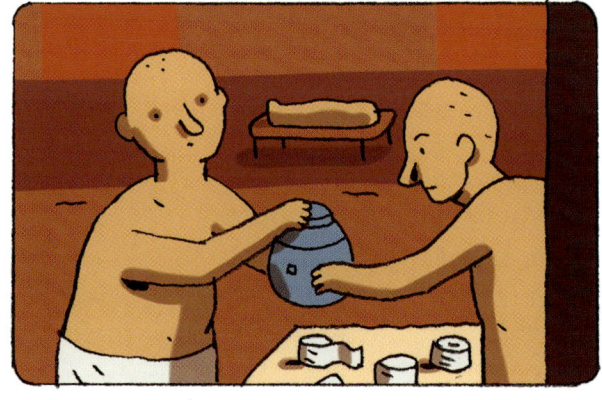

2. Alle **Organe** wurden aus dem Körper entfernt, präpariert und in eigenen Gefäßen (**Kanopen**) aufbewahrt.

3. Nach 40-tägiger Lagerung in **Salzlauge** wurde der Körper mit **Stoff** und **Harz** ausgestopft und mit **Bandagen** umwickelt.

4. Der Kopf einer Pharaonenmumie wurde mit einer Goldmaske bedeckt.

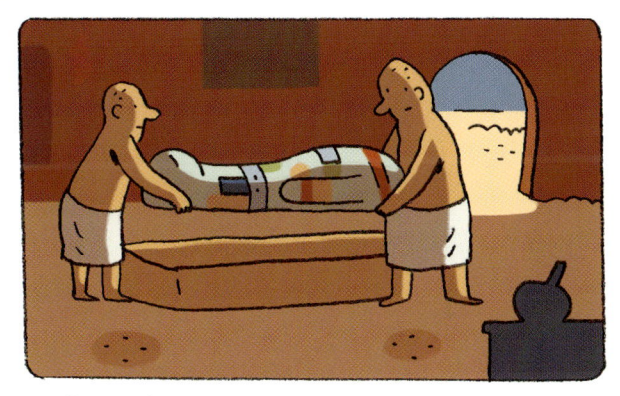

5. Dann legten die Priester die Mumie in einen bemalten Holzsarg, den so genannten **Sarkophag**.

6. Die Pharaonen ruhten in Särgen, die von mehreren, immer größer werdenden Särgen umgeben waren.

7. Mit dem **Schiff** wurde der Sarkophag auf dem Nil zur vorgesehenen Grabkammer transportiert.

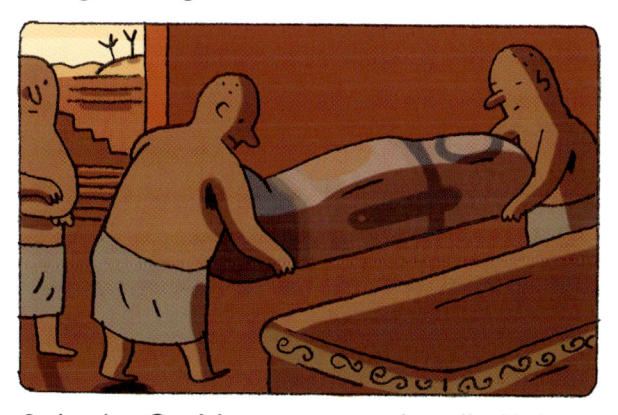

8. In der **Grabkammer** wurden die Holzsärge in einen steinernen Sarkophag gelegt.

9. Für das Leben nach dem Tod wurden dem Toten verschiedene nützliche **Gegenstände** mitgegeben.

10. Schließlich wurden die Grabkammern versiegelt. Trotzdem wurden sie häufig von Grabräubern geplündert!

Im Reich der Toten

Nach dem Glauben der alten Ägypter beginnt das neue Leben der Toten mit einer gefahrvollen Reise durch die Unterwelt, das Reich des Totengottes Osiris.

1. Vom schakalköpfigen Gott **Anubis** wird der Tote zum Eingang des Totenreichs geführt, wo **Osiris** über ihn zu Gericht sitzen wird.

2. Vor Gericht erklärt der Tote, dass er zu Lebzeiten nur Gutes getan hat. Die schriftliche **Erklärung seiner Unschuld** hält er in der Hand.

3. Nun wird sein **Herz** gewogen; es darf nicht schwerer sein als die **Feder** der Göttin **Maat**, die Feder der Wahrheit. Je mehr Unrecht der Mensch begangen hat, desto schwerer ist sein Herz.

4. Gewogen wird unter Aufsicht von **Maat**, der Göttin des Gerichts. **Thot**, der ibisköpfige Gott der Schreiber, notiert das Ergebnis.

5. Ist das Herz leichter als die Feder, kann der Tote seine Reise fortsetzen. Ist es schwerer, wird er von einem schrecklichen **Monster**, das neben der **Waage** lauert, gefressen.

6. Der falkenköpfige **Horus** bringt den Toten zum Thron des Osiris. Sein Leben im Totenreich kann beginnen.

Das Geheimnis der Hieroglyphen

Im alten Ägypten gab es zwei Schriften: eine einfache für den täglichen Gebrauch und eine kompliziertere für religiöse Texte und Inschriften auf Bauwerken. Es dauerte zwölf Jahre, bis ein Schreiber sie beherrschte.

Die Griechen nannten die ägyptischen Schriftzeichen »**Hieroglyphen**« (heilige Zeichen), weil sie sie vor allem auf Tempelwänden vorfanden. Die Ägypter schrieben auf **Papyrus**. Stängel des Papyrusschilfs vom Nilufer wurden in Streifen geschnitten, kreuzweise übereinander gelegt und gepresst, bis eine Schreibfläche entstand. Mehrere Blätter wurden zu langen Streifen verklebt und dann zusammengerollt.

Zum Schreiben wurde ein **Schilfstängel** in Tinte getaucht.

Champollion entziffert die Hieroglyphen ...

Jahrhundertelang konnte niemand mehr die Hieroglyphenschrift lesen. Der Franzose **Champollion**, der zur Zeit Napoleons lebte, träumte davon, die Hieroglyphen zu entziffern, und lernte deshalb mehrere alte Sprachen.

Kartusche mit dem Namen »Ramses«

1799 wurde in Ägypten der **Stein von Rosette** gefunden, auf dem derselbe Text in drei verschiedenen Schriften eingraviert war – eine davon in Griechisch, eine in **Hieroglyphenschrift**.

Kartusche mit dem Namen »Tutanchamun«

Champollion entdeckte, dass in allen drei Texten die Namen der **Pharaonen** in einer **Kartusche** standen, das heißt mit einer Linie umrahmt waren. Durch einen Vergleich fand er zunächst die Zeichen für »Ptolemäos« und »Kleopatra« heraus.

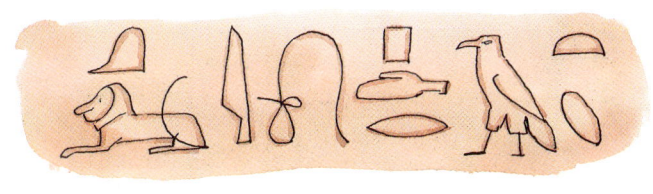

Kartusche mit dem Namen »Kleopatra«

Schließlich entdeckte er, dass jedes **Zeichen** für einen oder mehrere Buchstaben oder für ein Wort stehen konnte. So konnte das Zeichen für »Mund« auch »R« bedeuten.

Das Alte Testament

Vor etwa 4000 Jahren lebte in Palästina das Volk der Juden, das nicht mehrere, sondern nur einen Gott anbetete. Ihren Glauben schrieben sie im Alten Testament, dem älteren Teil der Bibel, nieder.

Zu Beginn des **Alten Testaments** wird beschrieben, wie Gott zuerst das Weltall und dann die Erde, Tiere und Pflanzen schuf.

Am sechsten Tag schuf er mit **Adam** den ersten Menschen und gab ihm **Eva** zur Frau. Sie lebten glücklich im Garten Eden, dem **Paradies** auf Erden.

Aber eine Schlange (der Teufel) verführte die beiden, gegen ein Gebot Gottes zu verstoßen. Zur Strafe wurden sie **aus dem Paradies vertrieben**.

Fortan mussten sie auf der Erde hart arbeiten. Ihr ältester Sohn, **Kain**, erschlug aus Eifersucht seinen Bruder **Abel** und beging so den ersten Mord.

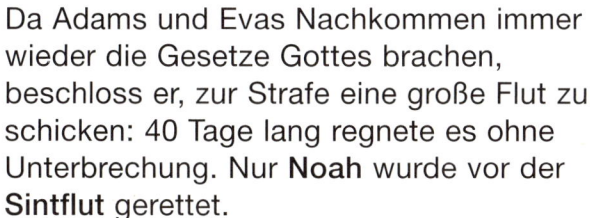

Da Adams und Evas Nachkommen immer wieder die Gesetze Gottes brachen, beschloss er, zur Strafe eine große Flut zu schicken: 40 Tage lang regnete es ohne Unterbrechung. Nur **Noah** wurde vor der **Sintflut** gerettet.

Gott hatte ihm nämlich befohlen, für sich, seine Familie und jeweils ein Paar jeder Tierart ein großes Schiff, eine **Arche**, zu bauen, in der sie das Unwetter überstanden. Nach der Flut besiedelten Noahs Nachkommen die Erde neu.

Eines Tages beschlossen die Menschen einen Turm zu errichten, der bis in den Himmel, bis zu Gott reichte – den **Turm von Babel**. Verärgert über die Anmaßung der Menschen gab Gott ihnen verschiedene Sprachen, sodass sie sich nicht mehr verstanden und damit den Turm nicht zu Ende bauen konnten.

Abraham und Moses

Das Alte Testament erzählt die Geschichte der Juden (Hebräer, Israeliten) und ihres Bundes mit Gott. Es berichtet von den Taten großer Frauen und Männer, darunter Abraham und Moses.

Abraham lebte als Nomade mit Frau, Gesinde und Vieh in Ur im Zweistromland.

Eines Tages befahl Gott ihm, nach **Kanaan**, das heutige Palästina, zu ziehen.

Da seine Frau Sarah ihm keine Kinder gebar, zeugte Abraham mit der Magd **Hagar** den Sohn **Ismail**.

Aber noch im Alter von 100 Jahren gebar ihm auch **Sarah** einen Sohn, **Isaak**.

Gott stellte Abraham auf die Probe, indem er ihm befahl, **Isaak zu opfern**. Als Abraham das Messer erhob, stoppte Gott ihn.

Jakob, der Sohn Isaaks und Rebekkas, hatte zwölf Söhne, die Stammväter der **zwölf Stämme Israels**.

Zu einer Zeit, als die Israeliten **in Ägypten** als **Sklaven** lebten, befahl der Pharao die Tötung aller neugeborenen Knaben.

Der kleine Moses wurde von seiner Mutter am Ufer des Nils ausgesetzt, wo ihn eine ägyptische Prinzessin fand.

Als der erwachsene **Moses** in der **Wüste Sinai** war, erschien ihm Gott in einem **brennenden Dornbusch.**

Er befahl ihm, beim Pharao um die Freilassung und den Heimzug der Israeliten zu bitten.

Gott schickte Ägypten **zehn Plagen**, bis der Pharao schließlich nachgab und die Juden ziehen ließ.

Als Soldaten sie verfolgten, teilte sich das **Rote Meer** für die Juden, während es die Verfolger verschlang.

Auf dem **Berg Sinai** übergab Gott Moses **zwei Gesetzestafeln,** auf denen die **Zehn Gebote** festgehalten waren.

Moses führte sein Volk bis an die Grenze von Kanaan, dem **Gelobten Land**, und starb. Unter **Josua** zogen die Juden weiter.

Das Gelobte Land

Nach ihrer Rückkehr aus Ägypten unterwarfen die zwölf Stämme Israels die Völker Kanaans. Unter Saul, David und Salomon entstand ein starkes Königreich. Es zerfiel jedoch wieder unter den Angriffen neuer Völker.

David, ein junger Hirte, gewann den Zweikampf gegen den riesenhaften **Goliath** vom feindlichen Volk der Philister. Er wurde nach **Saul** der zweite **König Israels**. Sein Sohn **Salomon** erbaute den **Tempel in Jerusalem**.

400 Jahre später setzte König **Nebukadnezar von Babylon** (im Zweistromland) Jerusalem in Brand.

Er zerstörte den Tempel und führte die Juden in die 50-jährige **Babylonische Gefangenschaft**.

Nach ihrer Rückkehr wurde der Tempel neu erbaut, aber 600 Jahre später von den **Römern** wieder zerstört. Die Juden mussten Palästina verlassen und wurden in die **Diaspora**, in die ganze Welt, zerstreut.

Die Chinesische Mauer

China ist ein riesiges, dicht bevölkertes Land. Zum Schutz vor Eindringlingen aus dem Norden ließen die Kaiser die berühmte, mehrere 1000 Kilometer lange Große Mauer errichten.

Die **Große Mauer** wurde vor 2200 Jahren begonnen und jahrhundertelang immer wieder ergänzt. Gebaut wurde sie von mehr als zwei Millionen Bauern und Sklaven unter der Aufsicht der kaiserlichen Armee. Auf einer Länge von **6000 Kilometern** standen 25 000 Wachtürme, die Tag und Nacht besetzt waren.

Der erste **Kaiser** von China war **Qin**, der dem Land seinen Namen gab. Er nannte sich »**Sohn des Himmels**«, ein Titel, den auch alle späteren Kaiser annahmen.

Qin wurde mit mehr als 6000 Tonsoldaten, die alle verschieden aussehen, begraben. Die Soldaten der **Terrakottaarmee** gehörten unterschiedlichen Truppenteilen an – Bogenschützen, Fußsoldaten und Wagenlenkern.

Erfindungen im alten China

Die alten Chinesen waren sehr erfindungsreich. Lange vor den Europäern konnten sie beispielsweise feine Seidenstoffe, Papier, Porzellan und Schießpulver herstellen.

Die alte **chinesische Schrift** besteht aus **Tuschezeichen**, die jeweils einen Begriff bedeuten. Sie ist schön anzusehen, aber schwer zu erlernen. Nur wenige Menschen konnten sie schreiben.

Die Chinesen züchteten schon früh Schweine und bauten **Reis** an. Reis wächst gut und ist äußerst nahrhaft, sodass sich viele Menschen davon ernähren können.

Seidenstoffe sind fein, glatt und glänzend. Die Römer, die selbst keine Seide herstellen konnten, kauften Stoffe aus China und bezahlten viel für die wertvolle Ware.

Papier stellten die Chinesen aus Reismehl oder Bambusmark her. Heute ist es meist aus zerkleinertem Holz gemacht.

Vor 1000 Jahren erfanden die Chinesen den **Buchdruck** – 500 Jahre vor den Europäern.

Seit 1500 Jahren stellen die Chinesen Vasen und Schalen aus **Porzellan** her. Lange war das Rezept für so feines und weißes Porzellan in anderen Teilen der Welt unbekannt.

Zunächst verwendeten die Chinesen **Schießpulver** für Knall- und Feuerwerkskörper. Später nutzten sie es auch für Kanonen und Granaten.

Zum Rechnen erfanden die Chinesen den **Abakus**, eine einfache Rechenmaschine. Die unteren Kugeln stehen für Einer, die oberen für Fünfereinheiten.

Chinesische **Heilkünstler** sahen Körper und Seele als Einheit. Sie verwendeten viele Heilpflanzen und andere Heilmethoden, wie die **Akupunktur**, bei der bestimmte Körperstellen mit einer Nadel gepikst werden.

Das Leben Buddhas

Vor über 2500 Jahren lehrte Buddha die Menschen, wie sie Unglück und Leid überwinden könnten. Seine Religion, die rasch viele Anhänger fand, nennt sich Buddhismus.

Der Sage nach war Siddharta Gautama, später **Buddha** genannt, der Sohn des Königs von Nepal am Fuß des Himalaja-Gebirges. Sein Vater wollte ihm Kummer ersparen.

Darum hielt er ihn vom wirklichen Leben fern. Doch eines Tages sah der junge Buddha einen einsamen **alten Mann**. Dann traf er einen **Kranken**, der große Schmerzen hatte.

Schließlich begegnete ihm ein **Leichenzug**. Nun wusste er, welches Leid Menschen empfinden können.

Nachdem er einen **besitzlosen**, aber glücklichen Heiligen getroffen hatte, verließ er seine Frau und alle Reichtümer.

Durchs Land ziehend überlegte er, wie der Mensch das Leid überwinden könne. Eines Tages fand er unter dem Bodhi-Baum die Lösung: Er hatte eine **Erleuchtung**. Deshalb nennt man ihn Buddha, »**den Erleuchteten**«.

Den Rest seines Lebens erklärte Buddha den Menschen seine Ideen und lehrte sie die Meditation.

Buddhas Lehre fand viele Anhänger. Nach seinem Tod verbreitete sie sich bis nach China und Japan.

Manche **Statuen** stellen Buddha dar, wie er im Stehen unterrrichtet oder im Sitzen meditiert.

Einige Buddhastatuen sind **riesengroß**, wie die hier, die ihn schlafend darstellt.

Das alte Griechenland

Griechenland spielte für die Geschichte Europas eine große Rolle. Vor 2500 Jahren haben die Griechen unter anderem die Demokratie, die Philosophie und das Theater erfunden.

Das sonnige Griechenland hat viele Berge und Inseln und liegt am **östlichen Mittelmeer**.

Die berühmteste Stadt Griechenlands ist **Athen**. Auf dem Burgberg, der **Akropolis**, steht unter anderem der **Parthenon**, der Tempel der Göttin **Athene**.

Die meisten griechischen Städte lagen am Meer.

Die Griechen waren gute **Seeleute**. Sie trieben **Handel** und gründeten **Kolonien**.

Die Stadtbewohner hatten keinen König. Sie regierten selbst und schufen eigene Gesetze. Das nennt man **Demokratie**.

Allerdings führten die Städte ständig **Krieg** gegeneinander.

Alle männlichen Bürger mussten **Militärdienst** leisten.

Griechische Kolonien waren z. B. **Marseille, Neapel** und **Odessa**.

Bestimmte Formen der griechischen **Baukunst,** z. B. Säulen, werden in der Architektur noch heute verwendet.

Bildhauer stellten sehr lebendig aussehende Statuen her.

Die Griechen waren berühmt für ihre fein bemalten **Tongefäße**.

Unter den Griechen wurde das **Theaterspielen** zu einer hohen Kunst.

Der **Arzt Hippokrates** begründete die moderne Medizin.

Philosophen regten ihre Schüler durch Fragen zum Nachdenken an.

Die ersten großen **Naturwissenschaftler** waren Griechen.

Aber die ganze Wirtschaft beruhte auf **Sklavenarbeit** ...

Die Sage des Minotauros

Der Sage nach gebar die Frau des Königs Minos von Kreta einen Sohn mit dem Körper eines Menschen und dem Kopf eines Stiers. Dieses Ungeheuer, der Minotauros, terrorisierte die Athener.

Alle sieben Jahre mussten die **Athener** dem Minotauros je sieben junge Frauen und Männer zum Fraß liefern. Als **Theseus**, Sohn des Königs Ägäos von Athen, alt genug war, beschloss er, mit nach Kreta zu fahren und den Minotauros zu töten.

Der **Minotauros** lebte in einem **Labyrinth** unter dem Palast von **Knossos** auf **Kreta**, das so verwinkelt war, dass sich jeder darin verlief. Es war von Dädalos, einem bekannten Architekten, erbaut worden.

Die jungen Athener hatten Glück: Die Tochter des Minos, **Ariadne**, verliebte sich in Theseus.

Sie gab ihm ein **Wollknäuel** mit ins Labyrinth. Nachdem Theseus den schlafenden Minotauros getötet hatte, fanden er und seine Begleiter mithilfe des abgerollten Fadens den Weg zurück ins Freie.

In ihrer Freude über die Rettung vergaßen sie bei der Rückkehr, die mit **Ägäos** abgesprochenen Segel zu setzen. Im Glauben, sein Sohn sei tot, stürzte dieser sich in das **Ägäische Meer**.

Voll Zorn sperrte Minos **Dädalos** und seinen Sohn **Ikaros** ins Labyrinth.

Der Grund: Beide hatten Ariadne unterstützt. Für die Flucht erfand Dädalos **Flügel** aus Federn und Wachs.

Aber Ikaros kam zu nah an die **Sonne**, das Wachs schmolz und er stürzte ins Meer.

Die Götter des Olymp

Die Griechen glaubten an viele Götter. Sie glichen in Aussehen und Wesen den Menschen, waren aber unsterblich und hatte übernatürliche Kräfte. Sagen erzählen von ihren Abenteuern.

Die Götter lebten auf dem Berg **Olymp**, stiegen aber auch herab zu den Menschen.

❶ Der Göttervater **Zeus** regierte Himmel und Erde mit Donner und Blitz.

❷ Verheiratet war er mit **Hera**, aber zu ihrem Kummer hatte er auch Kinder mit anderen Frauen.

❸ **Aphrodite** war die Göttin der Liebe. Ihr Sohn **Eros** zielte mit Liebespfeilen auf Menschen, sodass sie sich verliebten.

❹ **Apollon** war der Gott der Sonne, der Schönheit und der Musik.

❺ **Poseidon**, Bruder des Zeus, herrschte mit dem Dreizack über das Meer.

❻ Dionysos, Gott des Weins und der Natur, war dem Schenkel des Zeus entsprungen.

❼ Artemis, die Zwillingsschwester des Apollon, war die Göttin des Mondes und der Jagd.

❽ Athene, Schutzpatronin Athens und Göttin der Weisheit, war in voller Rüstung dem Kopf ihres Vaters Zeus entsprungen.

❾ Der Götterbote **Hermes** hatte kleine Flügel an Helm und Sandalen.

❿ Der Kriegsgott **Ares** war stark und grausam.

⓫ Hephaistos, Gott der Schmiede und des Feuers, hinkte, weil Zeus ihn einst im Zorn vom Olymp gestoßen hatte.

⓬ Hades, Bruder des Zeus, herrschte über die Unterwelt. Sein Reich wurde vom Höllenhund **Kerberos** bewacht.

Die Olympischen Spiele

Die berühmtesten sportlichen Wettkämpfe im Altertum, die Olympischen Spiele, fanden alle vier Jahre zu Ehren des Zeus in Olympia auf der Halbinsel Peloponnes (in Griechenland) statt.

Olympia war eine kleine Stadt mit einem **Zeusheiligtum**. Es darf nicht mit dem Berg Olymp in Nordgriechenland verwechselt werden.

Die griechischen Städte führten ständig Krieg gegeneinander, aber während der Olympischen Spiele durfte **nicht gekämpft** werden.

Die Spiele dauerten fünf Tage und zogen viele Zuschauer aus ganz Griechenland an. Das **Stadion** konnte 20 000 Zuschauer fassen.

Es gab 13 Sportarten, zehn für Erwachsene, drei für Kinder.

Die **Reiter** ritten ohne Sattel.

Beim **Schnelllauf** gab es drei verschieden lange Strecken: Einmal die Länge des Stadions mit fast 200 Meter. Zweimal die Länge des Stadions mit fast 400 Meter. Und 24-mal die Länge des Stadions mit fast vier Kilometern.

Beim Wettfahren der **Quadrigen** traten Vierspänner mit **Wagenlenkern** gegeneinander an.

Beim **Ringkampf** musste man den Gegner dreimal zu Boden werfen.
Beim **Pankration**, einer Mischung aus Ring- und Faustkampf, waren alle Griffe erlaubt.

Der **Faustkampf** ist ein Vorläufer des heutigen Boxkampfs.

Zum **Fünfkampf** gehörten die Disziplinen: Weitsprung, Diskus- und Speerwurf, Schnelllauf und Ringkampf.

Am letzten Tag wurden die **Preise**, einfache Kränze aus Olivenlaub, verteilt. Das Ende der Spiele wurde mit einem üppigen Festmahl gefeiert.

Die zwölf Taten des Herakles

Herakles (oder Herkules, wie er bei den Römern hieß) war der bekannteste und beliebteste Held der griechischen Mythologie. Aus jedem Kampf ging er als Sieger hervor.

Als Kind des **Zeus** und der Königin **Alkmene** war **Herakles** ein **Halbgott**. Als **Hera** vom außerehelichen Sohn ihres Mannes erfuhr, wurde sie schrecklich zornig. Um ihn zu töten, legte sie zwei riesige Schlangen in seine Wiege, aber der Kleine erwürgte sie mit seinen Fingern. Später sorgte Hera dafür, dass er im Wahn seine eigenen Kinder tötete. Zur Buße musste er für seinen Vetter Eurystheus zwölf Heldentaten vollbringen.

1. Mit bloßen Händen erwürgte er den **Nemeischen Löwen**. Das Löwenfell trug er fortan als Waffenrock.

2. Er tötete die **Lernäische Hydra**, eine Monsterschlange mit neun Köpfen.

3. Er trug den **Erymanthischen Eber** gefesselt auf den Schultern zu Eurystheus.

4. Er fing die göttliche **Hirschkuh von Keryneia** lebend ein.

5. Mit Pfeil und Bogen erlegte er die schrecklichen **Stymphalischen Vögel**.

6. Er bändigte den Feuer schnaubenden **Kretischen Stier**.

7. Er brachte dem Eurystheus die Menschen fressenden **Rosse des Diomedes**.

8. Er gewann den **Gürtel der Amazonenkönigin Hippolyte** für die Tochter des Eurystheus.

9. Er mistete die **Ställe des Augias** aus, indem er einen Fluss hindurchleitete.

10. Er holte die von einem zweiköpfigen Hund bewachten **Rinder des Geryoneus**.

11. Er pflückte die von einem Drachen bewachten **goldenen Äpfel der Hesperiden**.

12. Schließlich führte er den dreiköpfigen **Höllenhund Kerberos** gefesselt aus der Unterwelt zu Eurystheus.

Herakles bestand alle diese Prüfungen und noch viele mehr. Bei seinem Tod nahm sein Vater Zeus ihn im Olymp auf.

Die Abenteuer des Odysseus

Die Odyssee, ein Heldenepos des Dichters Homer, erzählt die Geschichte der Irrfahrten des listenreichen Odysseus von seiner Abfahrt aus Troja bis zur Rückkehr in sein Inselreich Ithaka.

Der Krieg um die Stadt **Troja** (heute: in der Türkei) war ausgebrochen, weil **Paris**, Sohn des Königs von Troja, die **schöne Helena**, Frau des Königs von Sparta, geraubt hatte. Alle griechischen Fürsten zogen aus, um Troja anzugreifen, darunter auch **Odysseus**. Nach zehnjähriger vergeblicher Belagerung der Stadt ersann Odysseus eine List: Er täuschte einen Abzug der Griechen vor.

In Wirklichkeit versteckten sie sich in einem riesigen, hohlen **Holzpferd**, das eigens dafür gebaut worden war. Nichts ahnend zogen die Trojaner das Pferd in die Stadt. Nachts stiegen die Griechen heraus und töteten fast alle Trojaner.

Nach dem Sieg der Griechen machte Odysseus sich mit dem Schiff auf den Heimweg. Aber **zehn Jahre** lang irrte er unter größten Gefahren umher. Nur mit Mut und List entrann er immer wieder dem Tod.

So entkam er dem Menschen fressenden **Kyklopen Polyphem**, Sohn des Poseidon. Odysseus blendete ihn, indem er ihm einen Pfahl ins einzige Auge in der Mitte der Stirn stieß.

Er verführte die Zauberin **Kirke**, die seine Gefährten in Schweine verwandelt hatte.

Er entkam den **Sirenen**, Meeresdämonen in der Form von Vögeln mit weiblichem Oberkörper. Da ihr **Gesang** den Seeleuten den Verstand raubte, ließ Odysseus sich bei der Vorbeifahrt am Mast festbinden.

Nachdem er endlich wieder in **Ithaka** angekommen war, fand er sein Haus voller Männer, die seiner Frau Penelope den Hof machten. Als Bettler verkleidet tötete er sie alle.

Alexander der Große

Vor 2350 Jahren eroberte König Philipp von Makedonien die unter sich zerstrittenen griechischen Städte. Sein Sohn Alexander führte ein vereinigtes griechisches Heer bis nach Persien und Indien.

Alexander war erst 22, als er aufbrach, die Welt zu erobern. Auf seinem Siegeszug durch das **Perserreich** (heute: Iran, Irak) gründete er viele Städte, die er alle **Alexandria** nannte.

Auf der **Massenhochzeit von Susa** verheiratete er 10 000 seiner Offiziere mit Perserinnen, um die Völker zu vereinen. Er selbst heiratete die Tochter des Perserkönigs.

Alexander kam bis **Indien**, wo sich ihm ein Heer von Elefantenreitern entgegenstellte. Aber seine Soldaten waren müde und wollten nach Hause.

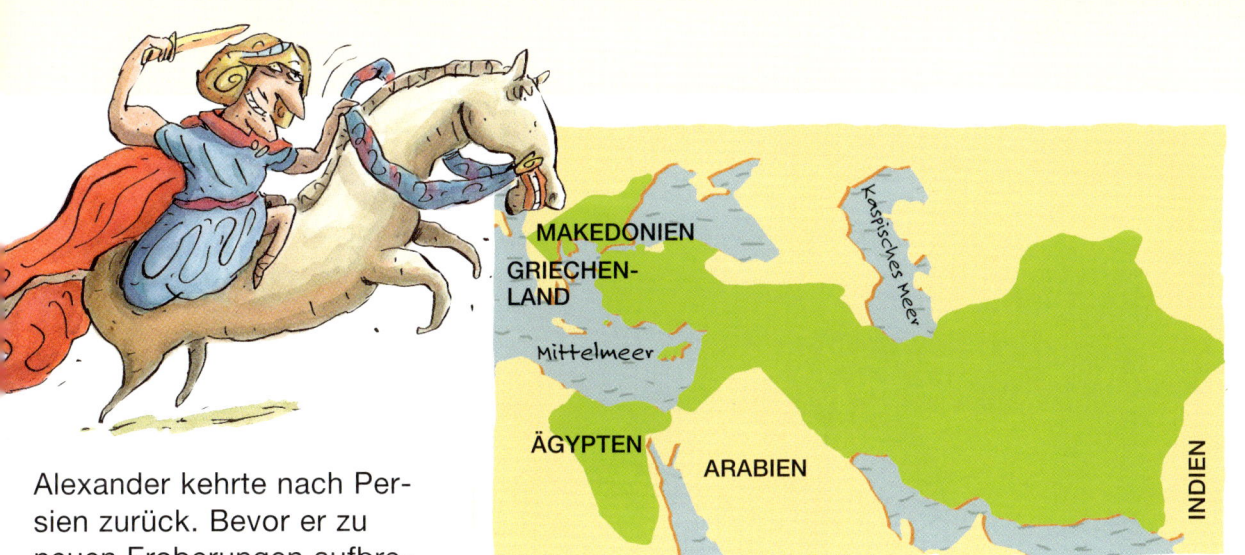

Alexander kehrte nach Persien zurück. Bevor er zu neuen Eroberungen aufbrechen konnte, **starb** er plötzlich **33-jährig** in Babylon.

Das Reich Alexanders des Großen (alle grünen Flächen)

MAKEDONIEN
GRIECHENLAND
Mittelmeer
Kaspisches Meer
ÄGYPTEN
ARABIEN
INDIEN

Rom, Hauptstadt eines Weltreichs

Die Geschichte Roms erzählt den Aufstieg einer kleinen Stadt in Italien zur Hauptstadt des größten Reichs des Altertums, das 1000 Jahre lang Bestand hatte.

Bereits zur Zeit der **Republik** war Rom eine **Großstadt** mit öffentlichen Bädern, Toiletten und einem zentralen Abwassersystem. In der **Kaiserzeit** kamen Paläste, Luxusvillen und mehrstöckige Mietshäuser hinzu.

Augustus war der erste römische Kaiser.

Vorher, zur Zeit der Republik, übte der **Senat**, dem **adlige Bürger** angehörten, die Macht aus.

Die römischen Kaiser ließen anlässlich ihrer Siege und Eroberungen prächtige **Bauwerke** errichten: Triumphbögen, Säulenhallen, Amphitheater, Obelisken, Tempel, Arenen und Bäder (Thermen).

Der Sage nach wurde Rom durch **Romulus** und **Remus** gegründet. Die Zwillinge waren von einer Wölfin aufgezogen worden.

Zirkusspiele für das Volk

Die Römer liebten jede Art von Unterhaltung, vor allem Wagenrennen und Gladiatorenkämpfe. Um die Bevölkerung für sich zu gewinnen, boten die Kaiser ihnen Brot und Spiele.

Wagenrennen fanden in Arenen statt. Die riesige römische **Arena (Circus maximus)** fasste 300 000 Zuschauer.

Die **Wagen** wurden von **vier Pferden** gezogen. Sie mussten die Rennstrecke viermal durchfahren.

Die Zuschauer schlossen **Wetten** auf den Sieg einzelner Lenker ab, deren Wagen sich farblich unterschieden.

Die **Gladiatoren** waren Sklaven, Schwerverbrecher, Kriegsgefangene und später Freie, die in Kasernen in verschiedenen Waffengattungen ausgebildet wurden.

Gladiatorenkämpfe fanden in **Amphitheatern** statt. Der Verlierer wurde meist auf Wunsch der Zuschauer getötet. Beliebt waren auch blutige und grausame Kämpfe mit wilden Tieren.

Die Arenen konnten zur Aufführung von **Seegefechten** mit Wasser gefüllt werden. Solche Schauspiele waren kostspielig und brutal – aber den Römern gefiel das.

Der **Netzfechter** war mit Dreizack und Netz bewehrt.

Der **Samniter** trug Rundhelm, Schild und Schwert.

Das römische Heer

Die große Stärke der Römer waren Disziplin, Organisation und ein mächtiges Heer. In der Republik mussten alle Bürger von 17 bis 45 Jahren Militärdienst leisten. Je nach Besitz wurden sie bestimmten Truppengattungen zugeteilt.

Das Heer bestand aus **Legionen** zu je 6000 Mann, die von sechs **Militärtribunen** befehligt wurden. Jede Legion hatte ihre eigene **Standarte** (Flagge).

Die **Ausrüstung** musste jeder Soldat selbst bezahlen. Junge Soldaten trugen Speere, die anderen kürzere Wurfspieße.

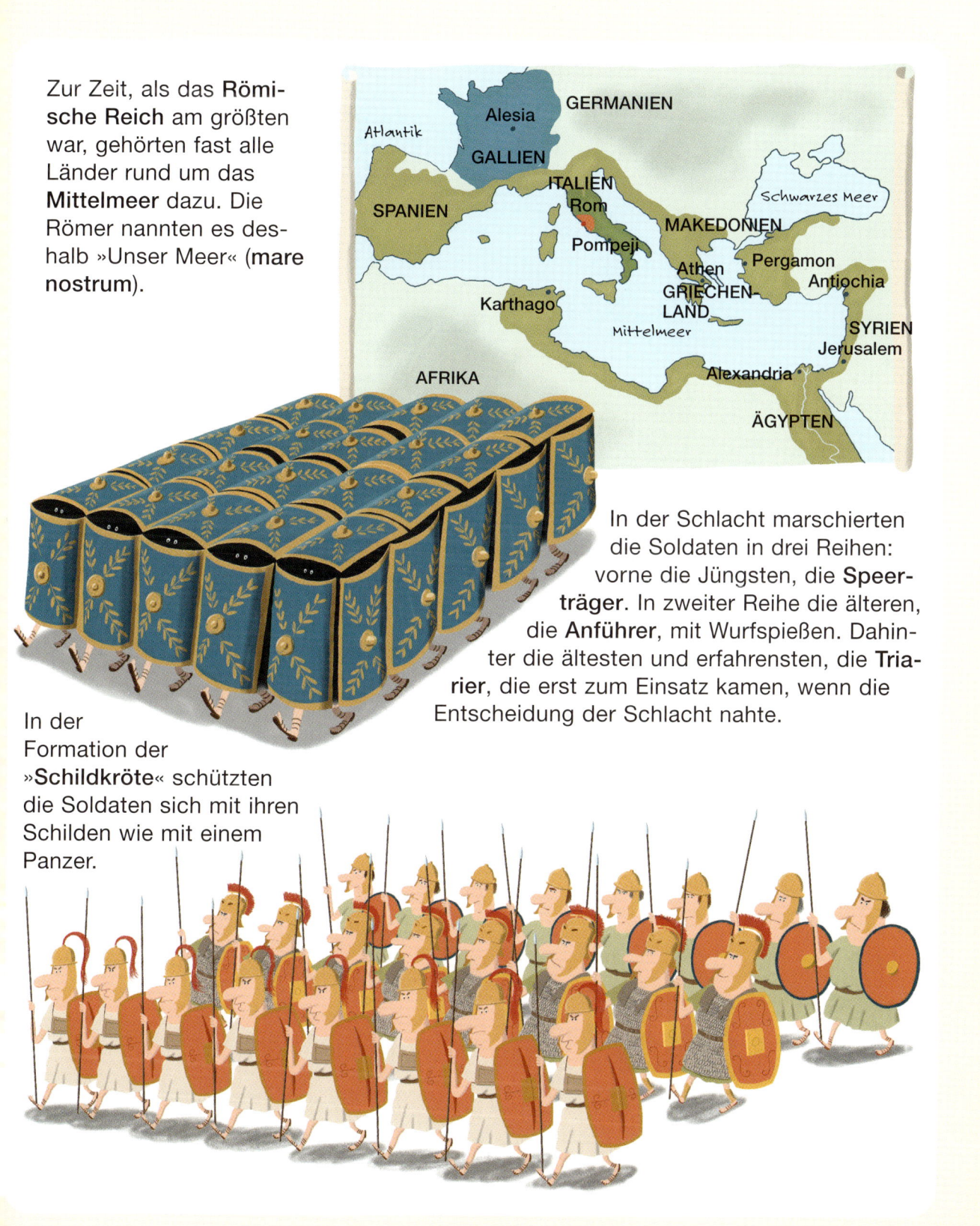

Zur Zeit, als das **Römische Reich** am größten war, gehörten fast alle Länder rund um das **Mittelmeer** dazu. Die Römer nannten es deshalb »Unser Meer« (**mare nostrum**).

In der Schlacht marschierten die Soldaten in drei Reihen: vorne die Jüngsten, die **Speerträger**. In zweiter Reihe die älteren, die **Anführer**, mit Wurfspießen. Dahinter die ältesten und erfahrensten, die **Triarier**, die erst zum Einsatz kamen, wenn die Entscheidung der Schlacht nahte.

In der Formation der »**Schildkröte**« schützten die Soldaten sich mit ihren Schilden wie mit einem Panzer.

Die Gallier

Die Kelten hießen bei den Römern Gallier. Sie siedelten in Norditalien und Nordspanien, Frankreich, in den Alpen, auf den Britischen Inseln und (als Galater) im östlichen Mittelmeerraum.

Sie lebten in Stämmen, die aus Großfamilien bestanden. Jeder Stamm hatte einen Anführer. In ihren Dörfern arbeiteten geschickte **Schmiede**, die neben Pflügen und Fässern auch schönen Metallschmuck herstellten.

Zur Sommersonnenwende schnitten die Druiden mit goldenen Sicheln Misteln von den heiligen Eichen.

Die Gallier hatten viele Götter. Ihre Priester, die **Druiden**, waren gelehrte Männer. Die keltischen Sänger und Dichter heißen **Barden**.

Vor 2000 Jahren griff der römische Kaiser **Julius Caesar** Gallien an.

Zur Verteidigung rief **Vercingetorix** die gallischen Stämme zusammen.

Nach römischen Siegen zog er sich nach **Alesia** zurück, wo Caesar ihn belagerte.

Römer, Gallier und Germanen

Mit zwei Mauerringen um Alesia kreisten die Römer die Gallier so lange ein, bis diese nichts mehr zu essen hatten und aufgaben. Gallien (heute: Frankreich) wurde Teil des Römischen Reichs.

Anders erging es den **Germanen**. Hier wurden die Römer Opfer der eigenen Kriegskunst: **Arminius** vom germanischen Stamm der **Cherusker** hatte zunächst im römischen Heer gedient und römische Taktik erlernt. Vor 2000 Jahren erhob er sich gegen die Römer. In der Schlacht im **Teutoburger Wald** vernichteten er und seine Soldaten drei römische Legionen, nachdem er sie in einen Hinterhalt gelockt hatte. Danach blieben große Teile Germaniens frei von römischer Herrschaft.

Belagerungsmaschinen
Die Römer verfügten über eine Reihe von Furcht erregenden Belagerungsmaschinen.

Mit dem **Katapult** konnte man Felsbrocken und brennende Pfeile schleudern.

Mit **Sturmböcken** wurden Stadttore aufgebrochen.

Belagerungstürme waren besonders gefährlich. Sie wurden auf Rädern an die Stadtmauern herangeschoben, bis die Belagerer die Mauern erklimmen konnten.

Hölzerne Schutzgänge waren mit frischen Fellen bedeckt, die nur schwer Feuer fingen.

Pompeji – eine römische Stadt

Vor ca. 1900 Jahren brach der Vulkan Vesuv in Süditalien aus und bedeckte die Stadt Pompeji mit glühender Lava und Asche. Vor rund 150 Jahren begann man, sie wieder auszugraben, und fand gut erhaltene Überreste von Häusern, Menschen und Tieren.

Pompeji war ein beliebter Wohnort der reichen Römer. Sie bewohnten Luxusvillen, dekoriert mit **Mosaiken, Fresken** (Wandmalereien) und **Statuen**.

In den Innenhöfen befanden sich Wasserbecken, die das Regenwasser auffingen. Zum Schwimmen waren sie aber nicht gedacht.

Unter der Asche fanden sich unversehrt die **Straßen** Pompejis – mit Tempeln, Statuen, Wagen voller Wein-Amphoren (Tongefäßen) – und sogar die Hohlräume, die die verwesten Leichen in der luftdichten Ascheschicht hinterlassen hatten.

Die Römer liebten **Ess-** und **Trinkgelage**, wo sie von **Sklaven** bedient wurden. Sie aßen halb im Liegen, oft viel zu viel. Gelegentlich kitzelten sie sich sogar mit Federn im Hals, um zu erbrechen und dann weiteressen zu können.

Wie in allen Städten im Römischen Reich gab es in Pompeji **Thermen**. Das waren öffentliche Bäder, wo man sich traf und unterhielt. Neben Becken mit kaltem und warmem Wasser gab es Massage- und Sporträume und manchmal sogar Bibliotheken.

Das Leben Jesu

Vor 2000 Jahren lebte in Palästina der Jude Jesus Christus, der eine neue Religion, das Christentum, gründete. Die Christen glauben, dass Jesus der Sohn Gottes ist.

Seine Mutter war **Maria**, Frau des Zimmermanns **Joseph**. Geboren wurde Jesus in einem Stall in **Bethlehem**.

Vor den Mördern des Königs **Herodes** floh die Familie nach **Ägypten**. Später kehrten sie nach Palästina zurück.

Mit zwölf Jahren war Jesus schon so **gelehrt**, dass sich die Priester im Tempel von Jerusalem um ihn scharten.

Als er erwachsen war, wurde Jesus von **Johannes dem Täufer** im Wasser des **Jordan** getauft.

Jesus predigte, dass **alle Menschen Brüder** seien und **einander lieben** sollten.

Viele Menschen in Palästina folgten Jesus. Am nächsten standen ihm die **zwölf Apostel**, die mit ihm umherzogen.

Im Neuen Testament erzählen die vier Evangelisten sein Leben. Nach ihrem Bericht vollbrachte Jesus **Wunder**: Er vermehrte Brot und Wein, füllte die Netze der Fischer, heilte Kranke, machte Blinde sehend und ließ Tote auferstehen.

Jesus wusste, dass seine Feinde ihn töten würden. Darum versammelte er seine Jünger zum **letzten Abendmahl**.

Die Hohepriester veranlassten die Römer, Jesus zu **kreuzigen**. Am dritten Tag aber ist er von den Toten **auferstanden**.

Das Leben Mohammeds

600 Jahre nach Jesus begründete der arabische Kaufmann Mohammed den Islam. Wie die Juden und die Christen glauben auch die Moslems nicht an mehrere, sondern an einen Gott.

Mohammed wurde in **Mekka** auf der Arabischen Halbinsel geboren. Als Kaufmann machte er weite Reisen und lernte Juden und Christen kennen.

Er war 40, als ihm der **Erzengel Gabriel erschien** und verkündete, dass **Allah** der einzig wahre Gott sei.

Da die Araber damals an mehrere Götter glaubten, vertrieben sie Mohammed mit seiner neuen Lehre. Er flüchtete nach **Medina**, wo er Anhänger fand.

Dort gründete er die erste Gemeinde gläubiger **Moslems** (man sagt auch Muslime, Mohammedaner) und begründete den **Islam**, dessen **Prophet** er ist.

Die **Botschaft Gottes** schrieb er im heiligen Buch des Islam, im **Koran,** auf.

Moslems müssen **fünfmal täglich** ihr **Gebet** mit dem Gesicht **Richtung Mekka** verrichten, freitags wenn möglich in einer **Moschee**.

Sie müssen die Armen durch **Almosen** (Spenden) unterstützen und im Monat **Ramadan** tagsüber **fasten**.

Schließlich sollte jeder Moslem einmal im Leben eine **Wallfahrt** (Reise) in die heilige Stadt **Mekka** machen.

Tausendundeine Nacht

Aladin und die Wunderlampe, Ali Baba und die 40 Räuber, Sindbad der Seefahrer: Das sind einige der Geschichten aus der arabischen Märchensammlung Tausendundeine Nacht.

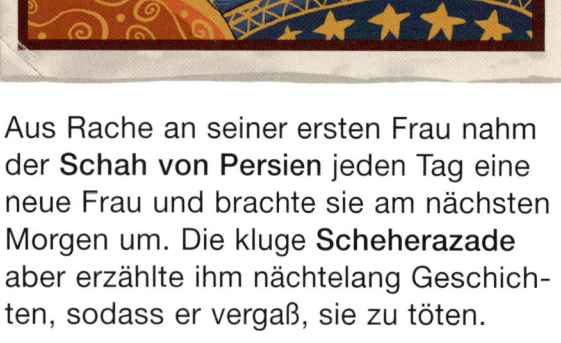

Aus Rache an seiner ersten Frau nahm der **Schah von Persien** jeden Tag eine neue Frau und brachte sie am nächsten Morgen um. Die kluge **Scheherazade** aber erzählte ihm nächtelang Geschichten, sodass er vergaß, sie zu töten.

Ali Baba, ein armer Kaufmann, entdeckte zufällig die Zauberformel »**Sesam, öffne dich**«, mit der er Zugang zur Höhle erhielt, in der die **40 Räuber** ihre Schätze versteckt hatten.

Aladin, Sohn eines armen Schneiders, reiste bis ins Innere der Erde, um die **Wunderlampe** zu holen, in der ein Geist hauste, der alle Wünsche erfüllte. Aladin reiste mit einem fliegenden Teppich, heiratete eine Prinzessin und wurde schließlich ein reicher und mächtiger Mann.

Sindbad der Seefahrer machte sieben wunderbare und abenteuerliche Reisen. Tatsächlich waren die Araber im Mittelalter ausgezeichnete Seeleute und erfanden wichtige Instrumente für die Seefahrt.

Mayas und Azteken

Vor der Ankunft des Kolumbus in Mittelamerika hatte es dort schon mächtige Indianerreiche gegeben: Die bekanntesten waren die Mayas in Yukatan und die Azteken im mexikanischen Hochland.

Die zahlreichen **Stadtstaaten** der Mayas wurden von Fürsten und Priestern regiert. Die Mayas bauten Mais an. Ihre Gottheiten waren halb Mensch, halb Tier. Auch den Jaguar verehrten sie als Gott. Für die Götter errichteten sie **Stufenpyramiden** mit Tempeln auf der Spitze. Schon vor 3000 Jahren besaßen sie eine eigene Schrift.

Bei den **Azteken** waren **Priester** und **Krieger** besonders angesehene Leute. Ihre Religion war blutig und grausam: Den Göttern, die sich von Blut ernährten, brachten sie auf Stufenpyramiden **Menschenopfer** dar.

Ihr Hauptgott war **Quetzalcoatl**, die »gefiederte Schlange«.

Bei religiösen Zeremonien spielten die Azteken ein dem Basketball ähnliches **Spiel**. Der Ball durfte nur mit Ellenbogen, Hüfte, Po und Knie berührt werden. Die Hauptstadt des Reichs war **Tenochtitlan**, eine reiche Stadt, die inmitten eines Sees lag.

Die Inkas

Die Inkas lebten im Hochland von Peru in Südamerika. Ihr Herrscher war der Inka. Wie das Aztekenreich wurde auch das Inkareich vor 500 Jahren von spanischen Eroberern zerstört.

Die Bauten der Inkas, z. B. in der Hauptstadt **Cuzco**, waren aus Stein. Ihr Herrscher, so glaubten sie, war der Sohn des Sonnengottes. Sein Palast und der Sonnentempel waren mit glänzendem **Blattgold** belegt. Die Stadt **Machu Picchu** ist noch heute gut erhalten, weil die Spanier sie nicht finden und zerstören konnten.

Der Staat der Inkas war streng organisiert. Die **unterdrückte Bevölkerung** arbeitete für die Götter, den Inka und die Priester. Ein Teil der Erträge aus der hoch entwickelten **Landwirtschaft** – Kakao, Tomaten, Mais (200 Sorten), Bohnen, Kartoffeln, Baumwolle – musste abgeliefert werden. Sie webten kunstreiche Stoffe aus **Alpaca- und Lamawolle**.

Zu Ehren der Götter, vor allem des höchsten **Sonnengottes**, fanden zahlreiche **Feste** statt.

Die Inkas stellten wunderbaren **Schmuck** her, hauptsächlich aus **Gold**, das sie »Schweiß der Sonne« nannten.

Stände im Mittelalter

Vor 1500 Jahren brach das Römische Reich unter den Angriffen der Germanen zusammen. Damit war das Altertum zu Ende und das Mittelalter begann. In dieser Zeit hatte jeder einen festen Platz in der Gesellschaft. Das Mittelalter endete vor 500 Jahren.

Jeder Mensch gehörte entweder dem geistlichen oder dem weltlichen **Stand** an. Zum **geistlichen Adel** gehörten Erzbischof, Bischof und Abt.

Fromme Christen pilgerten zu **Wallfahrtsorten** wie Jerusalem, Santiago de Compostela in Spanien oder, zum Ende des Mittelalters, nach Altötting in Bayern.

Mönche und **Nonnen** lebten unter Äbten und Äbtissinnen in **Klöstern**. Sie dienten Gott durch Gebet, Arbeit, Studium und Armenpflege.

Adelige Grundherren besaßen das ganze Land und das Recht zu jagen und zu fischen, was den Bauern verboten war.

Der Grundherr vergab **Land** zur Bearbeitung an **Bauern**, die ihm dafür Abgaben zahlen und Dienste leisten mussten. So wurden die Bauern immer **unfreier**.

Bei der Arbeit mussten auch Kinder mithelfen. Bei dem harten Leben genossen alle die **Festessen** an **Feiertagen** umso mehr.

In den Städten lebten neben Handwerkern **Kaufleute**, die mit allen möglichen Waren, von Lebensmitteln bis Stoffen, handelten.

Die Menschen wurden nicht alt. Sie fielen **Hungersnöten** und ansteckenden Krankheiten (**Seuchen**) zum Opfer.

Pagen, Knappen und Ritter

Ritter waren Adelige, die ihr Land von Bauern bestellen ließen und für einen höher gestellten (Lehns-)Herren Krieg führten. Die Ausrüstung eines Ritters war kostspielig, die Ausbildung lang und mühsam.

Der **Edelknabe** verließ mit 7 seine Familie, um als **Page** und ab 14 als **Knappe** bei einer befreundeten Rittersfamilie zu dienen und das Ritterhandwerk zu erlernen.

Schon der Knappe lernte, die kostbaren **Waffen** sorgsam und mit Geschick zu behandeln.

Ritter mussten gute **Reiter** sein, um nicht im Kampf mit der schweren Rüstung vom Pferd zu fallen und zu sterben.

Das **Pferd** wurde sorgfältig **trainiert**, damit es im Kampfgetümmel nicht vor Angst scheute.

Nach 14-jähriger Lehrzeit erhielt der Edelmann mit 21 Jahren in einer feierlichen Zeremonie vom **Lehnsherrn** den **Ritterschlag**: einen Schlag mit der flachen Klinge auf die Schulter. Er gelobte ihm **Treue** und versprach den **Schutz der Schwachen**.

Von da an stand er bereit, für den Lehnsherrn **Krieg zu führen**.

Die **Rüstung** bedeckte schützend die meisten Körperteile, sodass der Ritter nicht erkennbar war. Deshalb trug jeder sein **Familienwappen** sichtbar auf Brustpanzer und **Schild**.

Japanische Ritter nannten sich **Samurai**. Sie trugen Furcht erregende, gehörnte Helme zur Abschreckung der Gegner und waren mit zwei rasierklingenscharfen **Säbeln** bewaffnet.

Kampf um die Burg

Ritterburgen waren von meterhohen Mauern und dicken Wehrtürmen umgeben. Ihre Eroberung war deshalb schwierig. Oft wurde eine Burg so lange belagert, bis sich die Bewohner vor Hunger ergaben.

Ritterburgen lagen häufig auf Anhöhen oder schwer zugänglichen Felsen und waren nicht selten von **Wassergräben** umgeben.

Mit allen Mitteln versuchten die Angreifer, in die Burg zu gelangen. Mit Leitern und hölzernen Belagerungstürmen suchten sie die Mauern zu erklimmen. Mit riesigen Steinschleudern schossen sie über das Mauerwerk in das Innere der Festung.

Bei einem Angriff flüchtete alles hinter die dicken **Mauern** in das Innere der Burg und die **Zugbrücke** wurde hochgezogen. Waffen und Vorräte waren im **Bergfried**, dem Hauptturm der Burg, gelagert, wo sich manchmal auch die Wohngemächer des Burgherrn befanden. Die Verteidiger beschossen die Angreifer aus **Schießscharten** und gossen kochendes Wasser und Pech von den **Zinnen** auf sie herab.

Durch Bodenöffnungen in umlaufenden **Wehrgängen** wurde der Feind beschossen.

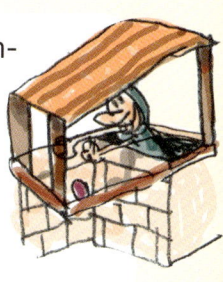

Die Angreifer waren mit **Armbrust** oder ...

... mit **Streitkolben** bewaffnet.

Burgtore wurden mit dem **Rammbock** aufgestoßen.

Die Mauern wurden mit Steinbrocken aus **Katapulten** ...

... und mit Steinkugeln aus **Kanonen** beschossen.

Leben in der Burg

Viele Menschen lebten in der Burg: Der Burgherr mit Familie, Ritter, Handwerker wie Schneider, Schuster, Schmied und Zimmermann, Dienstboten und Geistliche. Auch Tiere gab es hier.

Die Familie des Burgherren lebte im **Palas**, einem Wohnbau innerhalb der Burg. Nicht alle Räume waren durch große offene **Kamine** heizbar. Beleuchtet waren sie durch **Pechfackeln** und **Talgkerzen**. Im Obergeschoss gab es einen großen **Saal**. Als Gemach für Frauen und Kinder diente die **Kemenate**. Fast jede Burg hatte eine **Burgkapelle**. In den an der Innenseite der **Ringmauer** errichteten Gebäuden waren Werkstätten, Schmiede und Ställe untergebracht.

Ein beliebter Zeitvertreib waren **Ritterspiele**, so genannte **Turniere**. Wie in der Schlacht stürmten die Ritter mit eingelegter Lanze aufeinder zu und versuchten, den Gegner aus dem Sattel zu heben. Aus dem ganzen Land kamen Ritter zu den Turnieren, um ihre Reit- und Kampfkünste zu zeigen. Mancher Ritter trug dabei an der Lanze ein Tuch mit den Farben der Dame, die er verehrte und die ihm von der Tribüne aus zusah. Diese Art von ritterlicher Verehrung einer Frau nannte man **Minnedienst**.

Ritterheere und Ritterschlachten

Weltliche und geistliche Herren, wozu Kaiser, Könige, Herzöge, Grafen, Päpste, Erzbischöfe und Bischöfe zählen, führten häufig mit ihren Ritterheeren und Fußsoldaten Krieg gegeneinander.

Schlachtrösser waren wie ihre Reiter mit **Geschirr** und Panzer für den Kampf gerüstet.

Ein **Harnisch** aus Eisen schützte den Ritter von Kopf bis Fuß vor tödlichen Schlägen und Stichen. Auf dem Kopf trug er den **Helm** mit hochklappbarem **Visier**. Den Körper schützte ein langes **Kettenhemd** und ein **Panzer** mit Arm- und Beinschienen.

Wer vom Pferd fiel, konnte wegen des Gewichts der **Rüstung** nicht allein aufstehen und geriet in **Gefangenschaft**. Durch ein **Lösegeld** konnte er sich befreien.

Die ein Meter lange **Schwertklinge** war flach und scharf. Die **Lanze** war viel länger und schwerer.

Für die **Bauern** brachte der Krieg viel **Unheil**. Da die mittelalterlichen Ritterheere sich selbst ernähren mussten, plünderten sie die Höfe, zerstörten die Felder und schlachteten das Vieh. Die vor Hunger geschwächten Bauern fielen umso leichter Krankheiten und Seuchen zum Opfer.

Leben auf dem Land

Im Mittelalter lebten die meisten Menschen als Bauern. Alle, auch die Kinder, mussten mithelfen, um das Land ihres Herrn, des Grundherrn, oder die von ihm gepachteten Felder zu bestellen.

Die Ernährung der gesamten Bevölkerung hing von der Arbeit der Bauern ab. **Missernten** oder **Viehseuchen** führten zu **Hungersnöten**. Da es noch keinen Kunstdünger gab, bemühte man sich durch wechselnde Bodennutzung um bessere Ernten.

In erster Linie wurden **Weizen** und **Roggen** angebaut. Das Getreide wurde mühsam mit **Sicheln** geschnitten.

Dann wurde es mit der Hand zu **Garben** gebunden und auf dem Rücken zum **Müller** getragen.

In der **Mühle**, die dem Grundherrn gehörte, wurde aus dem Getreide **Mehl** gemahlen. Daraus wurde **Brot** gebacken.

Die Bauern mussten dem Grundherrn für das gepachtete Land **Abgaben** zahlen und **Frondienste** leisten.

Messe- und **Markttage** waren für die Dorfbewohner **Festtage**.

Die Bauern **aßen**, was sie angebaut hatten – Brot, Roggenbrei, Kohl. Vom Vieh verzehrten sie Speck und Eier. Sie durften einfachere Fische fangen und essen.

Leben in der Stadt

Die Germanen kannten zunächst keine Städte wie die Römer. Im Lauf des Mittelalters entstanden aber immer mehr Städte mit wachsender Bevölkerung. Jede Stadt gehörte einem Stadtherrn.

Die Häuser waren aus Holz und wurden häufig Opfer von **Feuersbrünsten**.

Es gab kein fließendes Wasser. Die Menschen wuschen sich in öffentlichen **Badestuben**.

Handwerker betrieben ihre **Werkstätten** im Erdgeschoss ihrer Wohnhäuser.

Die **Handwerker** waren in **Zünften**, die **Kaufleute** in **Gilden** zusammengeschlossen, die alles regulierten – von Maßen und Gewichten bis zur Ausbildung der Lehrlinge. Jeder Berufsstand hatte seine eigene bestickte Fahne.

Häufig befanden sich Geschäfte derselben Art in einer **Straße**, die nach dem jeweiligen Handwerk benannt wurde.

In den **engen Gassen** wimmelte es von Menschen und Tieren. Eine Kanalisation gab es noch nicht. Die Straßen stanken vor Dreck, **Unrat** und Abfällen. Nachttöpfe wurden aus den Fenstern auf die Straße entleert.

So gibt es z. B. Bäckerstraßen, Leinewebergassen, Färbergraben oder Mühlenstraßen.

Dom – Münster – Kathedrale

Auf dem Dorf wie in der Stadt war die Kirche der Mittelpunkt des mittelalterlichen Lebens. Die Glocken riefen zum Gebet, warnten vor Gefahr und verkündeten Geburt, Taufe, Hochzeit, Tod und Beerdigung. Die meisten Kirchen waren Steinbauten.

Je nach Gründungsart und Gegend nannte man die großen Kirchenbauten der Städte **Dom**, **Münster** oder **Kathedrale**.

Diese großartigen Bauwerke aus Stein erforderten geschickte **Architekten**. Jahrzehntelang wurde daran gebaut.

Vor den **Portalen** der Kirchen wurden **Mysterienspiele** aufgeführt – vom Paradies und den Heiligen, von Hölle und Teufel.

Die Erfindung des Buchdrucks

In Altertum und Mittelalter wurden Bücher mit der Hand (ab-)geschrieben. Mit der Erfindung des Buchdrucks durch Johannes Gutenberg aus Mainz vor über 500 Jahren beginnt die Neuzeit.

❶ Der **Setzer** stellte jede Buchseite aus beweglichen Metall-**Lettern** (Buchstaben) auf einer **Platte** zusammen.

❷ Die fertige Platte wurde mit **Druckerschwärze** bestrichen.

❸ Mit einem feuchten Blatt **Papier** belegt ...

Vor der Erfindung des Buchdrucks wurde im Mittelalter jedes Buch mühsam von **Mönchen** in Klöstern abgeschrieben und illustriert. Das erste Buch, das durch die neue Drucktechnik weit verbreitet wurde, war die von **Martin Luther** vom Lateinischen ins Deutsche übersetzte Bibel. Sie war wichtig für die Entwicklung der **deutschen Sprache**.

... wurde die Platte in die **Presse** geschoben und mit einer Schraube gepresst. So konnten viele Seiten bedruckt werden.

❹ Die **Seiten** wurden **getrocknet** und ...

❺ ... in der richtigen Reihenfolge für das Buch **sortiert**.

In der Malerwerkstatt

Wie überall in der frühen Neuzeit lebten auch die Fürsten in Italien in prächtigen Palästen. Sie ließen Maler- und Bildhauerwerkstätten mit zahlreichen Meistern, Gesellen und Lehrlingen für sich arbeiten.

In den **Maler-** und **Bildhauerwerkstätten** arbeiteten alle zusammen. Gemeinsam besprach man die in Auftrag gegebene Arbeit, zeichnete Pläne und erforschte den menschlichen Körper. Kunden und Freunde kamen vorbei und sahen bei der Arbeit zu. **Lehrlinge** fertigten in der Ausbildung Pinsel aus Schweineborsten oder dem Haar von Eichhörnchenschweifen an. Sie zerstießen Erde oder mahlten bunte Steine zu Pulver, aus dem die Farben angerührt wurden. Erst nach Jahren durften sie sich an Teilen eines Gemäldes selbst als Maler versuchen.

Die Karavelle

Die Karavelle war ein neuer, wendiger Segelschifftyp, der vor gut 500 Jahren eingeführt wurde und mit dem Spanier und Portugiesen ihre Entdeckungsfahrten unternahmen.

Karavellen waren keine großen Schiffe. Sie hatten zwei bis drei **Masten** und vier **Segel**. Dank der rechteckigen Segelflächen kamen sie schnell voran.

Großsegel

Großmast

Mit dem **Steuerruder** ließen sich auch schwere Schiffe manövrieren.

Mit neuen **Navigationsinstrumenten** fanden sich die Seeleute besser auf den Weltmeeren zurecht.

❶ Die Magnetnadel des **Kompasses** zeigt immer in Richtung Norden.
❷ Mit dem **Astrolabium** ließ sich die Position des Schiffs bestimmen.
❸ Mit dem **Zirkel** war die geplante Route leichter zu finden.

Im **Schiffsraum** waren die Vorräte gelagert: Fässer mit Trinkwasser, Geflügel, gepökeltes Fleisch, Säcke mit Mehl – sehr zur Freude von Ratten und Würmern.

Christoph Kolumbus

Bis vor etwas mehr als 500 Jahren hielten die Europäer die Erde noch für eine flache Scheibe, deren Ränder man nicht überwinden konnte. Amerika war noch nicht entdeckt, ebenso große Teile Afrikas und Asiens.

Nachdem Naturwissenschaftler die Kugelgestalt der Erde neu berechnet hatten, wollte der Genueser Seemann **Christoph Kolumbus** sie beweisen.

In Diensten **Spaniens** suchte er den **Seeweg nach Indien**, indem er Richtung Westen über den Atlantik segelte. 1492 brach er mit drei **Karavellen** und 90 Mann auf.

Nach zwei Monaten, als die Seeleute schon alle Hoffnung aufgegeben hatten, erreichten sie endlich Land. Sie glaubten, **Indien** erreicht zu haben.

Deshalb nannten sie die Bewohner »**Indios**«, zu deutsch »**Indianer**«.

In Wirklichkeit waren sie auf einer Inselgruppe (Antillen) nahe Mittelamerika gelandet. Seinen Namen erhielt **Amerika** von **Amerigo Vespucci**, einem italienischen Seemann, der als Erster erkannte, dass hier ein neuer Kontinent entdeckt worden war.

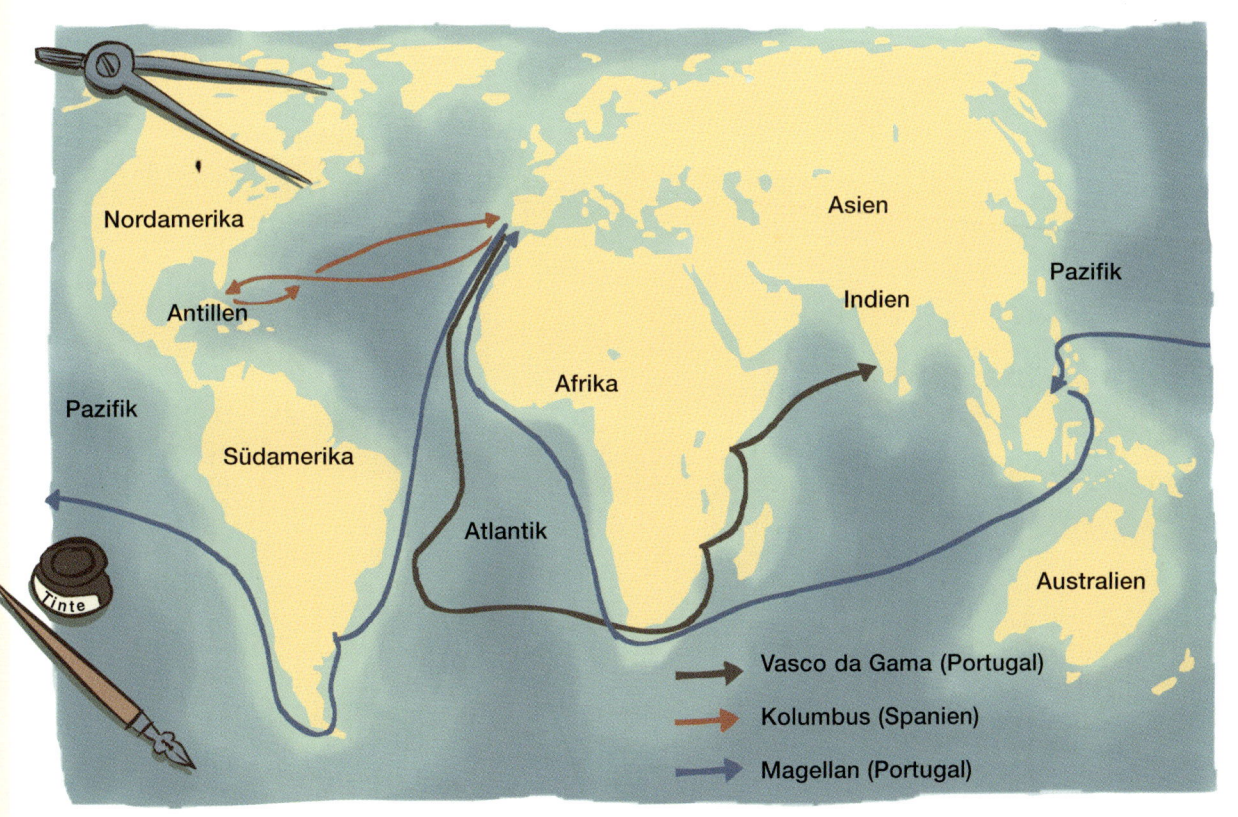

→ Vasco da Gama (Portugal)
→ Kolumbus (Spanien)
→ Magellan (Portugal)

Vor Kolumbus hatte **Vasco da Gama** Afrika auf dem Seeweg nach Indien Richtung Osten umrundet. Kurz danach schaffte eines von drei Schiffen des Portugiesen **Magellan** die **Erdumsegelung**. Er selbst starb unterwegs.

Die Konquistadoren

Als Konquistadoren bezeichnen wir die spanischen Abenteurer, die auszogen, die »Neue Welt« auf der Suche nach Gold und Reichtum zu erobern. Ihrer Habgier fielen die Indianer zum Opfer.

Die spanischen Eroberer kamen nicht in großer Zahl, aber sie hatten wirksamere **Waffen**: Kanonen, Gewehre, Pferde. Außerdem erinnerten die hellhäutigen und bärtigen Spanier unter **Hernando Cortez** die **Azteken** an ihren Gott **Quetzalcoatl**, der versprochen hatte, eines Tages wiederzukommen.

Ein anderer Eroberer, **Francisco Pizarro**, war in Spanien nur ein armer Schweinehirt gewesen. Aber er träumte von sagenhaften Schätzen, und mit seinen Brüdern und ein paar Dutzend Abenteurern wollte er das **Gold der Inkas** finden.

Eines Tages fanden sie tatsächlich die golden glänzenden Tempel des Sonnengottes der Inkas in **Peru**. Sie töteten die widerstrebenden Indianer und nahmen ihren Herrscher **Atahualpa** gefangen. Gegen ein hohes Lösegeld versprachen sie ihm die Freiheit.

Nachdem der Inkaherrscher ihnen seine Schätze überlassen hatte, erdrosselten sie ihn. Das **Reich** wurde **zerstört**, und die **Indianer** mussten unter grausamen Bedingungen für die Spanier **arbeiten**.

Süleiman der Prächtige

Die türkische Stadt Istanbul wurde von den Griechen Byzanz und von den Römern Konstantinopel genannt. Viele alte Bauwerke gibt es hier, darunter prächtige Moscheen des Sultans Süleiman II.

Süleiman II., genannt der Prächtige, regierte vor 500 Jahren das mächtige und straff organisierte türkische Reich, unterstützt von seinem Minister, dem **Großwesir**.

Die Kerntruppe der türkischen Armee waren damals die **Janitscharen**, zum Islam übergetretene junge Christen. Sie trugen eine abenteuerliche Kleidung.

Die **Sultane** bewohnten den prunkvollen **Topkapi-Palast** in Istanbul.

Süleiman II. führte viele erfolgreiche **Feldzüge** und vergrößerte so sein Reich. Die Eroberung **Wiens** gelang ihm allerdings nicht.

Im Zentrum Istanbuls gibt es bis heute den **Großen Basar**, ein riesiges, nachts geschlossenes Gebiet mit mehreren Straßen, 18 Toren und zahlreichen Verkaufsständen für Stoffe, Schmuck, Geschirr und Teppiche.

Das Schloss von Versailles

Ludwig XIV. wurde schon mit fünf Jahren König und regierte Frankreich über 70 Jahre lang. In Versailles, nahe Paris, ließ er für sich und seinen riesigen Hofstaat ein prächtiges Schloss errichten.

36 000 Arbeiter waren unter Aufsicht des Königs über 25 Jahre lang mit der Errichtung der riesigen **Schlossanlage** beschäftigt.

Versailles wurde die größte Schlossanlage der Welt und galt damals auch als die schönste. **Der Spiegelsaal** von Versailles hat seinen Namen von den riesigen Spiegeln, die die 17 Fenster des Raums reflektieren.

Ludwig war stolz auf die **Gartenanlage** mit den Zierbeeten, den kunstvoll beschnittenen Hecken und Bäumen, den Wasserbecken, Brunnen und Statuen. Versailles wurde **Vorbild** für viele andere Schlösser in ganz Europa.

Das Leben bei Hofe

Ludwig XIV. war eitel und selbstherrlich und regierte absolutistisch, das heißt ohne Mitsprache der Stände – des Adels und des Bürgertums. In Versailles versammelte er den Adel um sich.

Das morgendliche **Lever** (Aufstehen) des Königs wurde zu einer ausgefeilten Zeremonie: Um acht Uhr morgens versammelten sich die Vornehmsten des Hofstaats, um dem König beim **Aufstehen, Anziehen** und der morgendlichen **Toilette** behilflich zu sein.

Gewaschen wurden nur Gesicht und Hände, aber zweimal täglich wurde das Hemd gewechselt.

Ludwig ging täglich in die Kirche zur **Messe** und ließ sich dabei vom ganzen **Hofstaat** bewundern.

Die größten **Künstler** und **Dichter** der Zeit arbeiteten für den König. Jeder versuchte, seine Aufmerksamkeit und Gunst zu erringen. **Höflinge und Hofdamen** folgten ihm auf Schritt und Tritt.

Die königliche **Leibgarde** bildeten die **Musketiere**. Sie trugen eine **Muskete**, den Vorläufer des handlicheren **Gewehrs**, das Ludwig einführen ließ.

Der König speiste allein vor den Augen des Hofstaats. Abends wiederholte sich die morgendliche Zeremonie beim Zubettgehen des Königs, dem großen **Coucher**. Jede Kurtisane (Geliebte des Königs) hoffte, die Auserwählte für die Nacht zu sein.

Der Hof amüsiert sich

Um den Adel bei Laune zu halten und von der Forderung nach politischer Mitsprache abzuhalten, ließ Ludwig ständig Festessen, Bälle, Jagden, Schauspiele und Wasserspiele bei Hof organisieren.

Ludwig liebte das **Theater**, vor allem die Komödien von **Molière**. Er war ein begeisterter Tänzer und wirkte bei Ballettaufführungen mit. Mit Vorliebe trat er als der griechische Sonnengott Apollon auf. Er nannte sich »**Sonnenkönig**« und wählte als Symbol die Sonne, in deren Glanz sich alles sonnte und um die sich alles drehte. »Allen überlegen« war sein Leitspruch.

Zahlreiche Dichter schrieben für Ludwig, unter anderen **La Fontaine**, Autor berühmter **Tierfabeln** wie »Der Fuchs und der Rabe« ...

... oder **Perrault**, der **Märchen** wie »Rotkäppchen«, »Der kleine Däumling« und »Der gestiefelte Kater« niederschrieb.

Ludwig beschäftigte viele **Maler** und **Bildhauer** zur Ausschmückung seines Schlosses.

Auch für die **Naturwissenschaften** interessierte sich der König. Er lud Gelehrte zu Arbeit und Forschung nach Paris ein.

In Dorf und Stadt

Vor gut 300 Jahren, zur Zeit Ludwigs XIV., lebte der allergrößte Teil der Bevölkerung noch als Bauern auf dem Land. Sie sprachen nicht die Hochsprache, sondern den Dialekt der jeweiligen Gegend.

Die Bauern wohnten in **Dörfern**, rund um die Kirche und den Herrensitz, das Schloss. Sie lebten in ständiger Furcht vor Trockenheit und starken Regenfällen, die zu Missernten und Hungersnöten führen konnten, vor Kriegen und tödlichen Pocken- und Masernepidemien. An Festtagen aber vergaßen sie ihre Sorgen und tanzten ausgelassen rund um den Lindenbaum ...

Die Bevölkerung der ständig wachsenden **Städte** nahm zu. Vornehme Herrschaften und Leute aus dem Volk spazierten durch die Straßen, um bei Schaustellern, fliegenden Händlern, Wahrsagerinnen und Possenreißern stehen zu bleiben. In bestimmten Stadtvierteln trieben sich Bettler und Diebe herum, die die königliche Polizei dingfest zu machen suchte.

Die Pioniere in Nordamerika

Im Laufe der Zeit wanderten Tausende von Europäern auf der Flucht vor Armut und Verfolgung nach Nordamerika aus. Die ersten Auswanderer kamen aus England, gefolgt von den Franzosen.

Die **Pilgerväter**, die wegen ihrer Religion verfolgt worden waren, landeten vor knapp 400 Jahren mit der **Mayflower** in der **Neuen Welt** (in Massachusetts). Die Indianer dort halfen ihnen und retteten sie vor dem Hungertod. Sie brachten ihnen Truthahnzucht und Maisanbau bei.

Holländische Kaufleute kauften Indianern die Insel **Manhattan** ab. Sie diente als Warenlager und wurde Teil der Stadt Neu Amsterdam, des späteren **New York**.

Die Geschichte der Pocahontas

Der englische Seemann **John Smith** gründete vor 400 Jahren die Stadt **Jamestown**.

Die Indianer, deren Land er genommen hatte, griffen ihn an und entführten ihn in ihr Dorf, um ihn dort zu **töten**.

Die Häuptlingstochter **Pocahontas** bat um sein Leben und rettete ihn. Smith wurde in die Häuptlingsfamilie aufgenommen.

Unversehrt kehrte er nach Jamestown zurück. Später wurde Pocahontas von Weißen nach Jamestown entführt und dort **getauft**.

Sie **heiratete** einen reichen weißen Farmer, der sie ...

... mit nach England nahm und der **Königin** vorstellte.

Mit 22 Jahren starb sie in England an den **Pocken**.

Welthandel

Die großen Handelsgesellschaften befuhren mit ihren Schiffen die Weltmeere und kehrten voll beladen mit Gütern aus aller Welt nach Europa zurück. Sie errichteten Stützpunkte auf anderen Kontinenten.

Aus Asien und Amerika **importierten** sie Güter, die in Europa beliebt, aber nicht erhältlich waren, wie Kaffee, Zucker, Kakao, Tabak, Baumwolle oder Tee.

Sklavenhandel

200 Jahre lang wurden Millionen von Afrikanern gewaltsam von Afrika nach Amerika gebracht, um für die Weißen als Sklaven zu arbeiten – auf Plantagen und im Haushalt.

Die Kapitäne der **Sklavenschiffe** kauften Afrikaner im Tausch gegen Waffen, Alkohol und Glasperlen.

Für den **Transport nach Amerika** suchten sie die stärksten und widerstandsfähigsten Schwarzen aus.

Unter schrecklichen Bedingungen wurden sie im engen Laderaum verfrachtet – viele starben unterwegs.

In Amerika wurden die Familien getrennt und auf **Sklavenmärkten** als Haus- oder Feldsklaven an Weiße verkauft.

Feldsklaven arbeiteten unter schlimmsten Bedingungen auf riesigen **Plantagen** (Zuckerrohr, Baumwolle, Tabak). Auf Fluchtversuche stand der Tod.

Entdeckungsfahrten

Die ersten Entdeckungsfahrten entzündeten die Neugier weiterer Abenteurer. Sie brachen zur Entdeckung und Erforschung neuer Kontinente und Meere – vom Pazifik bis zum Südpol – auf.

Bei seiner Ankunft auf Tahiti glaubte sich der französische Seefahrer **Bougainville** ins Paradies versetzt: Sonne und Wärme, wunderbare wild wachsende Früchte, das Meer voller unbekannter bunter Fische.

Am Ostersonntag 1722 landete der Holländer **Roggeveen** auf einer unbekannten Insel im Südpazifik und nannte sie **Osterinsel**. Er fand Jahrhunderte alte Figuren aus Stein vor, bis zu 10 Meter hoch, mit Kopf- und Brustschmuck, wohl von Polynesiern errichtet.

Entdeckungsfahrt Bougainvilles

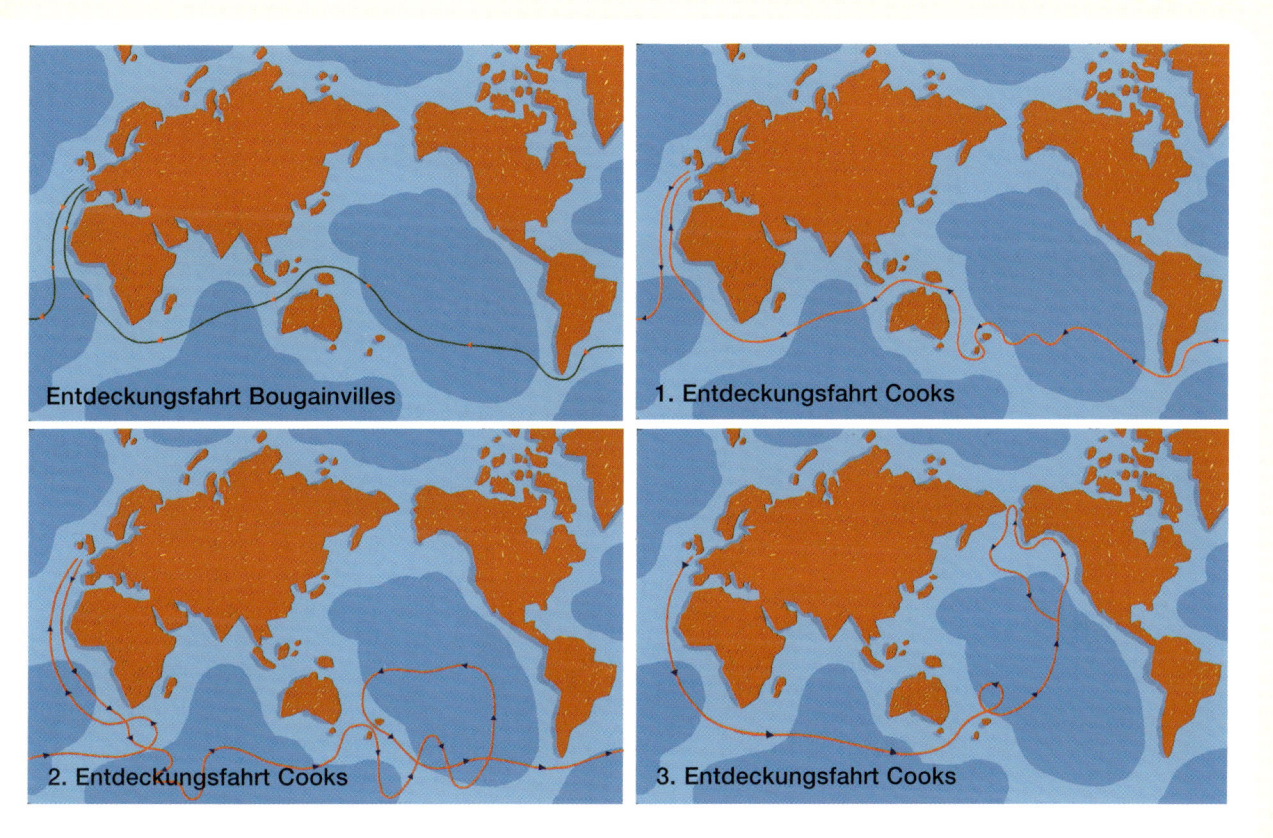

1. Entdeckungsfahrt Cooks

2. Entdeckungsfahrt Cooks

3. Entdeckungsfahrt Cooks

Der erste europäische Seefahrer in Polynesien war der Engländer **Wallis**, ihm folgten **Bougainville** und **Cook**. In Reisetagebüchern zeichneten sie ihre Routen und Entdeckungen auf.

Nach Cook wagte sich der Franzose **Dumont d'Urville** auf der Suche nach dem Südpol in die Antarktis und entdeckte dort **Adélieland**.

123

Piraten und Freibeuter

Anders als Piraten, die immer auf der Suche nach Beuteschiffen waren, überfielen Freibeuter im Auftrag ihrer Regierungen die Handelsschiffe feindlicher Länder nur in Kriegszeiten.

Piratenschiffe waren klein und wendig und damit viel leichter zu manövrieren als die großen, schwer beladenen Handelsschiffe. Sie tauchten plötzlich mit ihrer Piratenflagge auf und fuhren so nah wie möglich an das Beuteschiff heran, um es zu **entern** und auszuplündern.

Traf eine Kanonenkugel einen Masten, wurde das Handelsschiff so manövrierunfähig, dass es leicht zu entern war. Nicht immer waren Piraten erfolgreich. Gefangene Piraten wurden am Mast »aufgeknüpft«, das heißt gehängt.

Jean Bart war Freibeuter gegen Holland und England für Ludwig XIV.

Raleigh und **Drake** waren Freibeuter im Dienst Elisabeths I. von England gegen Spanien.

Der englische Pirat **Blackbeard** war bekannt für seine Grausamkeit. Er trug einen schwarzen Bart und lange Zöpfe.

125

Die Französische Revolution

1789 erhob sich die französische Bevölkerung gegen den König und die adeligen Stände, denen sie vorwarfen, besondere Rechte zu genießen (sie mussten z. B. keine Steuern zahlen), ohne etwas dafür zu tun.

Am 14. Juli 1789 stürmte die Bevölkerung von Paris die **Bastille**, eine Festung in Paris, die als Symbol der Unterdrückung galt.

Der König wurde als **Verräter** hingerichtet, die Monarchie abgeschafft und die **Republik** ausgerufen. Tausende Adelige starben unter der **Guillotine**.

Ein Ergebnis der Revolution war die **Erklärung der Menschenrechte**: Alle Menschen sind frei und gleich.

Im ganzen Land wurden die Bauern aus der Abhängigkeit vom Grundherrn **befreit**. Als Sinnbild wurden überall **Bäume der Freiheit** gepflanzt, geschmückt mit den Farben der Revolution.

Der 14. Juli wurde zum **Nationalfeiertag** Frankreichs. Auch die französische **Nationalhymne**, die Marseillaise, entstand damals.

Napoleon I.

Napoleon war ein genialer Feldherr, der in den Kriegen, die Frankreich nach der Revolution gegen das übrige Europa führte, immer mächtiger wurde.

Napoleon kehrte zur Monarchie zurück und krönte sich selbst zum **Kaiser**. Er führte ein neues Gesetzbuch ein und reformierte die Verwaltung Frankreichs.

Jedes eroberte Land zwang er zur Übernahme der modernen französischen Ordnung. Er zerschlug das 900-jährige **Deutsche Reich** und gründete mehrere eigenständige **deutsche Staaten** – Vorläufer der heutigen **Bundesländer**. Die Menschen damals dankten ihm die **Modernisierung**, aber sie hassten seine **Fremdherrschaft**.

Er **eroberte ganz Europa** und setzte seine Geschwister und Generäle als Monarchen ein.

In der **Völkerschlacht von Leipzig** unterlag er erstmals den vereinten Gegnern. Er musste abdanken, kehrte aber bald aus der Verbannung zurück.

Schließlich musste er endgültig gehen, aber **Europa** hatte sich durch die Revolution und durch Napoleon **verändert**.

Die Schlachten Napoleons

Napoleon war bei seinen Soldaten so beliebt wie einst Alexander der Große. Die Franzosen verehrten Napoleon, weil er sie zur »Großen Nation«, zu den Beherrschern Europas, machte.

Der junge Napoleon **Bonaparte** glänzte durch Mut, Führungskraft und strategisches Geschick. Die ersten Siege erfocht er in Italien gegen Österreich. Später wollte er die englische Seeherrschaft brechen.

Er landete im von England besetzten Ägypten und siegte bei den **Pyramiden**. Aber der Feldzug scheiterte, weil der englische Admiral **Nelson** die französische Flotte vernichtete. Später siegte Nelsons Flotte noch einmal bei **Trafalgar**.

Gleichzeitig errang Kaiser Napoleon aber in der **Dreikaiserschlacht** von **Austerlitz** einen glänzenden Sieg über den deutschen Kaiser und den russischen Zaren. Bei **Jena** besiegte er auch den König von Preußen.

Der Feldzug gegen **Russland** mit seiner »**Großen Armee**« erwies sich als schwerer Fehler. Ein Großteil der 600 000 Soldaten aus Frankreich und den unterworfenen Ländern ging im russischen Winter jämmerlich zugrunde.

Die letzte Schlacht verlor Napoleon 1815 bei **Waterloo** im heutigen Belgien gegen die Heere Englands und Preußens. Nach 20 Jahren war ganz Europa kriegsmüde. Napoleon starb später in der **Verbannung** auf **St. Helena**.

Die Helden Süd- und Mittelamerikas

300 Jahre lang wurden Mittel- und Südamerika von Spanien und Portugal beherrscht. Nun wollten die Kolonien unabhängig sein und befreiten sich auf gewaltsamem Wege.

Während die **europäischen Einwanderer** in Süd- und Mittelamerika ihre Stadtkultur beibehielten, lebten die Indios eher auf dem Land und im Gebirge. Sklaven aus Afrika verrichteten vielerorts die schwere Arbeit.

Der Freiheitskampf gegen die Spanier in **Südamerika** unter General **Simon Bolivar** begann im Nordwesten und erfasste bald den ganzen Kontinent. Nach nur 20 Jahren waren die Kolonien frei. Bolivar wurde der erste Präsident **Boliviens**.

Nun waren die **Indios** zwar frei, aber durch die Landverteilung benachteiligt.

100 Jahre später führten **Villa** und **Zapata** den Befreiungskampf **Mexikos** gegen Spanien an. Beide wurden ermordet.

Auf **Haiti** erhob sich die farbige Bevölkerung unter **Toussaint l'Ouverture** gegen die Franzosen.

Auf Zapata berufen sich heute die **Zapatisten**, die indianische Befreiungsbewegung in Mexiko.

Die Indianer Nordamerikas

Vor 40 000 Jahren kamen Asiaten über die Beringstraße nach Nordamerika. Sie lebten als Bauern in Dörfern oder zogen als Jäger den Bisonherden nach. Die Europäer nannten sie später Indianer.

Die **Prärieindianer** des **Mittleren Westens** jagten **Bisonbüffel**. Sie lebten in **Tipis** (Zelten) aus Bisonfellen, die sich leicht zusammenlegen und transportieren ließen, wenn der Stamm weiterziehen musste.

Die Indianer der großen **Waldgebiete Kanadas** lebten in **Langhäusern**. Die kanadischen **Pazifikindianer** stellten **Totempfähle** auf.

Die **Puebloindianer** lebten als Bauern im Südwesten Nordamerikas. Sie siedelten in Dörfern aus übereinander geschachtelten Lehmhäusern.

Die Indianer jagten mit **Pfeil** und **Bogen**. Bei den **Sioux** lernten schon die kleinen Kinder an Schießscheiben die Kunst des Bogenschießens.

Erst mit den Europäern kamen **Pferde** nach Amerika. Die Indianer lernten sie bald als Reittiere schätzen und wurden ausgezeichnete Reiter.

Die Eroberung des Westens

Die europäischen Auswanderer kamen nach Nordamerika in der Hoffnung, dass es ihnen hier besser gehen würde als in Europa. Die Indianer empfingen sie zunächst freundlich.

Auf Segelschiffen überquerten die Auswanderer den Atlantik. Sie ließen sich zunächst an der Ostküste nieder. Neue **Einwanderer** zogen ins Landesinnere und schließlich bis an die **Westküste**. So kamen sie mit immer mehr **Indianer**stämmen in Konflikt.

Im »**Wilden Westen**« gründeten die Neuankömmlinge **Siedlungen** mit Banken, Saloons und Geschäften. Der **Sheriff** sorgte für Recht und Ordnung.

Die Weißen durchquerten den riesigen Kontinent in gedeckten **Planwagen**, auf denen Männer, Frauen und Kinder nebst sämtlichen Habseligkeiten Platz fanden. Sie wurden immer wieder von Indianern oder Banditen angegriffen.

Soldaten errichteten hölzerne **Forts** zum Schutz vor Indianerüberfällen.

Im weiten Grasland (**Prärie**) entstanden Viehfarmen (**Ranches**) mit riesigen **Rinderherden**, die von **Cowboys** gehütet wurden.

Die letzten Indianerkriege

Mit der Eroberung des Westens schlachteten die Weißen Millionen von Büffeln. Da die Indianer von den Büffeln lebten, wehrten sie sich mehrfach, wurden letztlich aber von den Weißen geschlagen.

Nachdem **General Custer** und seine Soldaten, die Blauröcke, die Frauen und Kinder eines wehrlosen Indianerdorfs der Cheyenne ermordet hatten, schlugen einige Jahre später die vereinten Stämme der **Sioux** und **Cheyenne** unter **Crazy Horse** und **Sitting Bull** die Truppen Custers am **Little Big Horn**.

Geronimo war ein **Apachenhäuptling**. Nach der Ermordung seiner Familie durch Weiße wurde er ein wilder, allseits gefürchteter Krieger.

Bill Cody, ein berittener Briefträger, war im Westen als berüchtigter Büffelschlächter bekannt, was ihm den Namen **Buffalo Bill** eintrug. Er machte aus seiner Lebensgeschichte eine **Wildwest-Schau**, die 1887 in Europa gezeigt wurde.

Heute leben die meisten Indianer unter trostlosen Umständen in **Reservationen**. Nur wenige versuchen, ihre Traditionen zu bewahren.

1973 protestierten bewaffnete Indianer am Jahrestag des letzten Indianermassakers am **Wounded Knee** gegen die amerikanische Indianerpolitik.

Die Erfindung der Dampfmaschine

Mit der Dampfmaschine veränderte sich die ganze Arbeitswelt. Vor über 200 Jahren wurden sie erstmals in Bergwerken, Fabriken, Landwirtschaft und Verkehr eingesetzt.

Die Arbeit an dampfgetriebenen **Maschinen** in **Fabrikhallen** war anstrengend und gefährlich. Andererseits konnten die **Fabrikarbeiter** mithilfe der Maschinen Waren viel schneller herstellen.

Dampfer waren dampfgetriebene Schiffe, die zuverlässiger vorankamen als vom Wind abhängige Segelschiffe.

Die Erfindung der **Dampflokomotive** revolutionierte das Reisen: Die **Eisenbahn** ersetzte die Pferdekutsche. In neuen Verfahren wurde **Stahl** gewonnen, aus dem die Schienen gefertigt wurden.

Auch in der **Landwirtschaft** wurden arbeitssparende, mit Dampf betriebene Mäh- und Dreschmaschinen eingesetzt.

Andere umwälzende Erfindungen

Das Leben der Menschen wurde seit dem 19. Jahrhundert durch weitere Erfindungen wie Glühbirne, Auto, Motorflugzeug, Kino, Grammofon und Schutzimpfungen erleichtert.

Nach der Erfindung der **Glühbirne** durch den Amerikaner **Edison** konnten Häuser und Straßen elektrisch beleuchtet werden.

Motorfahrzeuge ersetzten die Pferdekutsche. Erfinder von Motoren waren **Otto** und **Diesel**.

Der Franzose **Ader** war der erste Mensch, der in einem **Motorflugzeug** flog – etwa 60 Meter weit.

Die Brüder **Lumière** erfanden den Kinematografen, den Vorläufer des **Kinos**.

Robert Koch entdeckte die Erreger von Milzbrand, Tuberkulose und Cholera und erhielt dafür den Nobelpreis.

In den Städten entstanden große **Kaufhäuser** mit vielfältigem Warenangebot.

Immer mehr Menschen drängten sich in den Städten in hohen **Mietshäusern**.

Seit 1851 werden die neuesten Erfindungen auf **Weltausstellungen** gezeigt.

Der Erste Weltkrieg

Der Erste Weltkrieg begann als europäischer Krieg auf dem Balkan, weitete sich aber unter Einsatz neuer Waffen wie Flugzeug, Panzer, Maschinengewehr zu einem Krieg auf mehreren Kontinenten aus.

Die Deutschen, die Frankreich angegriffen hatten, wurden von Franzosen und Engländern aufgehalten. Es begann ein jahrelanger **Stellungskrieg** in Belgien und Frankreich, in dem die Soldaten in **Schützengräben** lebten.

Die feindlichen Gräben wurden so lange beschossen, bis sie gestürmt und die Gegner in blutigem Nahkampf mit **Bajonetten** besiegt werden konnten. Das **Elend** der Soldaten im Grabenkrieg war groß.

Gegen Gasangriffe trugen sie **Gasmasken**, die wie Schweinerüssel aussehen.

Die **Soldaten** kamen aus **aller Welt**. In den Armeen der Kolonialmächte kämpften auch Soldaten aus den Kolonialreichen in Afrika, Asien und Australien. Als auch die USA in den Krieg eintraten, waren alle fünf Kontinente beteiligt.

Der Krieg dauerte vier Jahre. Durch den **Masseneinsatz moderner Waffen** gab es etwa **10 Millionen Tote** (nicht nur Soldaten) und **20 Millionen Verwundete** und Verstümmelte. Freiwillige halfen als Krankenschwestern bei ihrer Versorgung.

Da die Männer im Krieg waren, mussten die **Frauen** an ihrer Stelle mitarbeiten, vor allem in der **Rüstungsindustrie**. In Deutschland selbst wurde nicht gekämpft.

Umso schrecklicher wurden **Frankreich** und **Belgien** verwüstet. Auch Polen und Russland litten unter den Zerstörungen.

Der Zweite Weltkrieg

20 Jahre später wurde der Zweite Weltkrieg von Deutschland unter der Herrschaft Adolf Hitlers und seiner Partei, der NSDAP, begonnen. Er dauerte sechs Jahre und es gab 60 Millionen Tote.

Hitler träumte von der **Weltherrschaft** der Deutschen, von denen er glaubte, dass sie allen anderen Völker überlegen wären. Er teilte die Menschheit in höhere und niederere **Rassen** ein, die mehr oder weniger wert waren.

Nachdem Hitler Polen erobert hatte, ließ er dort **Vernichtungslager** errichten, in denen er die für ihn »minderwertigste Rasse« der **Juden** systematisch umbringen ließ – zunächst durch Erschießen, dann durch Vergasung, wie z. B. in **Auschwitz**.

Die Nazis eroberten **ganz Europa** außer England. Überall trieben sie die Juden zusammen. Am schlimmsten erging es, neben den Juden, den Menschen in **Polen** und **Russland**, weil Hitler dort **Lebensraum** für die Deutschen schaffen wollte. Es wurden 4,5 Millionen Juden, 5 Millionen christliche Polen und 20 Millionen Russen getötet.

Ähnlich wie Napoleons Heer scheiterten die Deutschen aber an den Weiten Russlands und der Härte des Winters. Mit der Schlacht um **Stalingrad** kam die Wende des Kriegs. Nachdem Engländer und Amerikaner in der **Normandie** (Frankreich) gelandet waren, wurden die deutschen Besatzer langsam zurückgedrängt. Gleichzeitig wurden die **deutschen Städte zerbombt**.

Im **Pazifik** fand ein grausamer See- und Luftkrieg zwischen Japan (aufseiten Deutschlands) und den USA statt. In den letzten Kriegstagen 1945 warfen die Amerikaner zwei **Atombomben** auf die japanischen Städte **Hiroshima** und **Nagasaki** – mit verheerenden Folgen für die Bevölkerung.

Die moderne Welt

In den reichen Ländern der Erde leben die meisten Menschen heute sehr bequem: Infolge des technischen Fortschritts werden sie älter, müssen nicht hungern und haben mehr Annehmlichkeiten als früher.

Moderne Haushalte verfügen über alle möglichen **elektrischen Geräte**, die das Leben erleichtern.

Die Stadtbevölkerung wächst, städtischer Baugrund ist teuer – so entstehen immer mehr **Hochhäuser**.

In fast jedem Haushalt gibt es wenigstens einen **Fernseher** und ein Radio und eine Vielzahl anderer **Elektrogeräte**.

Kopfhörer und **Walkman**, CDs und Kassetten – jeder kann heute die Musik hören, die ihm gefällt.

Zur **Fortbewegung** gibt es Motorrad, Auto, U- und S-Bahn, Bus und Bahn – aber auch die eigenen Füße!

Flugzeuge machen weite Reisen in kurzer Zeit möglich.

Im **Supermarkt** gibt es Waren aus der ganzen Welt zu kaufen.

Wir haben mehr Zeit und mehr Möglichkeiten für **Hobbys** und **Ferien**.

Jedes Jahr gibt es neue **Modetrends** für Kleidung, Sportartikel, Schmuck oder Spielsachen. Oft wird etwas Neues gekauft, obwohl das Alte noch funktioniert.

Technik und Wissenschaft

In den letzten 30 Jahren wurden mehr technische Neuerungen erfunden als in der ganzen Geschichte zuvor. Ob Medizin, Kommunikation, Transport, Freizeit – alles entwickelt sich ständig weiter.

Die ersten **Rechner** (**Computer**) füllten noch ganze Zimmer aus – heute passen sie in Handtaschen.

Fernseher vermitteln uns Bilder aus aller Welt. Sogar Computerspiele lassen sich darauf installieren.

Mit bemannten **Raketen** und **Raumfahrzeugen** können wir die Erde verlassen und den **Weltraum** erkunden. 1969 landete die erste Raumfähre mit Menschen an Bord auf dem **Mond** – er erwies sich wie erwartet als unbewohnt.

Die **Medizin** und die medizinischen Apparate werden immer perfekter.

Lebewesen können **geklont** werden – wie das Schaf Dolly in Schottland.

Über **Satelliten** in der Erdumlaufbahn werden Bilder und Botschaften in Sekunden um die Erde geschickt. So können wir immer die neuesten Nachrichten aus aller Welt empfangen. Über das **Handy** sind wir fast überall und jederzeit erreichbar.

Nach dem Mond werden die Menschen vielleicht bald auf dem **Mars** landen ...

Schutz der Umwelt

Der technische Fortschritt ist nicht ohne Risiko für die Menschheit, da er unsere Umwelt gefährden kann. Es gibt für uns keinen anderen Platz als auf der Erde – deshalb müssen wir sie schützen.

Das **Auto** ist eine tolle Sache – wir kommen schnell damit voran ...

... aber zu viele Autoabgase **verpesten** die Luft.

Durch die Verbrennung von Gas, Öl, Benzin und Kohle in Kraftwerken, Fabriken, Haushalten und Verkehrsmitteln entsteht der »**Treibhauseffekt**«, eine Erhöhung der Temperatur auf der Erde, die sich katastrophal auf das Wetter auswirken kann.

Verunglückt ein Öltanker, verschmutzt auslaufendes Öl Wasser und Küsten. Seevögel, Fische und Muscheln sterben an der **Ölpest**.

Die ständig wachsende Weltbevölkerung ist auf das vorhandene **Wasser** angewiesen. Gewässer müssen deshalb sauber bleiben.

Durch unsere Kauflust werden immer mehr Waren produziert – das heißt aber auch immer mehr **Müll**.

Eine Plastiktüte braucht 300 Jahre zur Zersetzung – also kein **Plastik** irgendwo in die Landschaft werfen!

Sachbegriffe

Adel
Früher ein sozial, rechtlich und politisch privilegierter Stand. Man gehörte zum Adel durch Geburt, Besitz oder besondere Leistung. Der Adel zeichnete sich durch besondere Lebensformen und Sitten aus.

Altertum
Zeitraum der Menschheitsgeschichte von der Erfindung der Schrift (3000 v. Chr.) bis ca. 500 n. Chr.

Amphitheater
Geschlossenes römisches Theater mit ovaler Arena und aufsteigenden Sitzreihen

Bajonett
Auf das Gewehr vorne aufgesteckte Stoßwaffe für den Nahkampf

Diaspora
Unter Andersgläubigen lebende religiöse Minderheit

Evangelisten
Die vier Verfasser der Schriften über Leben und Lehre Christi im Neuen Testament: Matthäus, Markus, Lukas, Johannes

Grundherr
In der mittelalterlichen Ständegesellschaft Besitzer von Ländereien, die er von abhängigen (unfreien) Bauern bewirtschaften ließ

Guillotine
Vom Arzt Guillotin während der Französischen Revolution erfundenes Gerät zum Köpfen

Heldenepos
Langes erzählendes Gedicht über Götter und Helden

Hesperiden
Weibliche Naturgottheiten (Nymphen), welche die goldenen Äpfel beschützten. Die Äpfel schenkten ewige Jugend.

Hochkulturen
Hoch stehende Stadtkulturen mit Schrift und Wissenschaft, wie sie sich erstmals vor ca. 5000 Jahren herausbildeten

Kolonie
Ansiedlung von Bürgern außerhalb des eigenen Staatsgebiets. In der Neuzeit gründeten europäische Staaten riesige Kolonialreiche in Amerika, Asien, Australien und Afrika, deren Bewohner sie unterdrückten und deren Wirtschaft sie ausbeuteten.

Lehnsherr
In der mittelalterlichen Ständegesellschaft Besitzer von Ländereien und Ämtern, die er als Lehen gegen einen Treueid an Gefolgsleute (Lehnsleute) verlieh

Mittelalter
Zeitraum der Menschheitsgeschichte zwischen Altertum und Neuzeit von ca. 500 bis 1500 n. Chr.

Monarchie
Staatsform mit einem gekrönten Herrscher, wie Kaiser (Schah, Sultan, Zar), König oder einem anderen Fürsten

Moschee
Islamisches Gotteshaus

Neuzeit
Zeitraum der Menschheitsgeschichte von ca. 1500 n. Chr. bis heute

NSDAP
Abkürzung für »Nationalsozialistische (Nazi) Deutsche

Arbeiterpartei«, die Partei Hitlers

Obelisk
Ein Pfeiler aus Stein, der eine vierkantige Form hat. Die Spitze des Obelisken läuft pyramidenförmig zu.

pilgern
Fromme Pilger unternehmen für ihr Seelenheil Wallfahrten zu heiligen Stätten ihrer Religionsrichtung (z. B. Mekka, Lourdes)

Pioniere
Wegbereiter, z. B. in der Besiedlung Nordamerikas durch Europäer

Plantage
Auf den Anbau einer Pflanze spezialisierter landwirtschaftlicher Großbetrieb

Prophet
Verkünder einer göttlichen Botschaft

Republik
Staatsform ohne gekrönten Herrscher

Reservation
Siedlungsgebiete, die bestimmten Bevölkerungsgruppen vorbehalten sind; vor allem in Nordamerika für die Indianer und in Australien für die Aborigines.

Schah
Persische Bezeichnung des Königs

Senat
»Rat der Alten«: In der römischen Republik wichtigstes Regierungsorgan

Stände
Die mittelalterliche Gesellschaft war in Stände eingeteilt. Der höchste Stand war der (weltliche und geistliche) Adel. Darunter standen die Bewohner der Städte, die Bürger. Der niederste Stand waren die (unfreien) Bauern.

Tempel
Gotteshaus im Altertum, z. B. bei Ägyptern, Juden, Griechen, Römern

Vercingetorix
König des gallischen Stammes der Arverner (*um 82 v. Chr., † (hingerichtet) Rom 46 v. Chr.)

Vorgeschichte
Auch: Ur-, Frühgeschichte. Zeitraum der Menschheitsgeschichte bis zur Erfindung der Schrift ca. 3000 v. Chr.

Register

A
Abel 34
Abraham 36
Abu Simbel 24
Adam 34, 35
Adélieland 123
Ader 142
Afrika(ner) 65, 105, 121, 132, 145
Ägäisches Meer 49
Ägäos 48, 49
Ägypten 22–23, 37, 58, 59, 65, 72, 130
Akropolis 46
Aladin 76, 77
Alesia 67
Alexander der Große 58–59, 130
Alexandria 58, 65
Ali Baba 76
Alkmene 54
Allah 74
Altötting 82
Altes Testament 34–37
Amazonen 55
Amerika(ner), USA 105, 120, 121, 135, 144, 147
Amun(-Re) 26
Anden 80
Antarktis 123
Antillen 104, 105

Anubis 27, 28, 30
Apachen 139
Aphrodite 50
Apis 26
Apollon 50, 51, 114
Araber, Arabien 59, 74, 77
Ares 51
Ariadne 49
Arminius 68
Artemis 51
Asien, Asiaten 120, 134, 145
Assyrer 21
Atahualpa 107
Athen 46, 48, 49, 51, 65
Athene 46, 51
Äthiopien 23
Atlantik 65, 104, 105, 136
Augias 55
Augustus 61, 68
Auschwitz 146
Austerlitz 131
Australien 145
Australopithecus 9
Azteken 78–9, 80, 106

B
Babel, Babylon(ier) 20, 21, 35, 38, 39, 59

Balkan 144
Bart, J. 125
Bastille 126
Bayern 82
Belgien 131, 144–145
Beringstaße 134
Bethlehem 72
Bibel 34–37, 99
Blackbeard 125
Bolivar, Simon 133
Bolivien 133
Bretagne 17
Britische Inseln 66
Buddha 44–45
Bougainville 122, 123
Buffalo Bill 139
Byzanz 108

C
Caesar, Julius 67, 68–69
Carnac 17
Champollion 33
Cheops 24
Cherusker 68
Cheyenne 138, 139
China 40–43, 45
Christen(tum) 34, 72, 74, 82, 108, 147
Cook, James 123

Cortez 106
Crazy Horse 138
Cro-Magnon-Mensch 9, 12–13
Custer, General 138
Cuzco 80

D
David 38
Dädalos 48–49
Deutsch(land), Deutsches Reich 99, 129, 131, 144–147
Diesel 142
Diomedes 55
Dionysos 51
Drake 125
Dumont d'Urville 123

E
Echnaton 24
Eden 34
Edison 142
Elisabeth I. 125
England, Engländer 17, 125, 130, 131, 147
Eros 50
Euphrat 18
Europa, Europäer, europäisch 42, 43,

156

104, 118, 120, 123, 128, 129, 130, 132, 134, 135, 136, 144, 147
Eurystheus 54, 55
Eva 34, 35

F
Frankreich, Franzosen, französisch 12, 17, 33, 66, 68, 122, 127–129, 130, 131, 133, 144–145

G
Gabriel 74
Gama, Vasco da 105
Galater 66
Gallien, Gallier 65, 66–67, 68
German(i)en 65, 68, 82, 94
Geronimo 139
Geryoneus 55
Gilgamesch 21
Giseh 23, 24
Goliath 38
Griechen(land) 46–59, 65, 108
Gutenberg, Johannes 98

H
Hades 51
Hagar 36
Haiti 133
Hammurabi 20
Hathor 26
Hebräer 36
Helena 56
Hephaistos 51
Hera 50, 54
Herakles 54–55
Hermes 51
Herodes 72
Hesperiden 55
Himalaja 44
Hippokrates 47
Hippolyte 55
Hitler, Adolf 146–147
Holländer, holländisch 118, 122
Horus 27, 31

I
Ikarisches Meer 49
Ikaros 49
Inka(s) 80–81, 106, 107
Indien 59, 105
Indianer, Indios 78, 104, 106, 107, 118–119, 121, 132, 133, 134–139
Isaak 36
Isis 27
Islam 74–75, 108
Ismail 36
Israel(iten) 36, 37–38
Istanbul 108, 109
Italien 60, 65, 66, 70, 100, 105, 130
Ithaka 56, 57

J
Jakob 36
Jamestown 119
Japan 45, 147
Jena 131
Jerusalem 38, 65
Jesus (Christus) 72–3
Johannes der Täufer 72
Jordan 72
Joseph 72
Josua 37
Juden(tum) 34, 36, 37, 39, 74, 146, 147

K
Kain 34
Kanaan 36
Kanada 135
Karthago 65
Kaspisches Meer 59
Kelten 66, 67
Kerberos 51, 55
Kirke 57
Kleinasien 56, 58
Kleopatra 33
Koch, Robert 143
Kolumbus, Christoph 78, 104–105, 106
Konstantinopel 108
Kreta 48, 55

L
La Fontaine 15
Lathène 66
Leipzig 129
Little Big Horn 138
Ludwig XIV. 110–115
Lumière, Gebrüder 143
Luther, Martin 99
Luxor 24

M
Maat 30, 31
Makedonien 58, 59, 65
Machu Picchu 80
Magellan 105
Manhattan 118
Maria 72
Marseille 47
Massachusetts 118
Mayas 78–79
Mayflower 118
Medina 74
Mekka 74
Mesopotamien (Zweistromland) 18, 21, 36
Mexiko, mexikanisch 78, 79, 133
Minos 48–49
Minotauros 48–49
Mittelamerika 78, 105, 132
Mittelmeer(raum) 46, 59, 65, 66
Mohammed 74–75
Molière 114
Moses 36–37, 38
Moslems, Muslime, Mohammedaner 74, 75

N
Nebukadnezar 38
Neu Amsterdam 118
Nagasaki 147
Napoleon I. (Bonaparte) 33, 128–131, 132, 147
Neapel 47
Nelson, Admiral 130
Neues Testament 72
New York 118
Nofretete 24
Nordamerika 118, 134–135, 136
Normandie 147
Nepal 44
Nil 22–23, 29, 32, 37
Noah 35
NSDAP 146

O
Odessa 47
Odyssee 56
Odysseus 56–67
Olymp 50, 51, 52, 55
Olympia 52
Osiris 27, 30, 31
Osterinsel 122
Österreich 130
Otto 142

P
Palästina 36
Parthenon 46
Pazifik 105, 122, 135, 147
Palästina 34, 36, 38, 39, 72, 73
Paris 56
Paris (Stadt) 110, 115, 126
Penelope 56
Pergamon 65
Perrault 115
Perser(reich, -könig), Persien 58, 76
Peru 80
Philipp von Makedonien 58
Philister 39
Pizarro 107
Pocahontas 121
Polen 145, 147
Polynesier 122
Polyphem 57
Pompeji 65, 70–71
Portugal, Portugiesen 102, 105, 132
Poseidon 50, 57
Preußen 131
Ptolemäos 33

Q
Qin 41

Quetzalcoatl 79, 106

R
Raleigh 125
Ramses II. 24, 33
Re (Ra) 26
Rebecca 36
Remus 61
Roggeveen 122
Rom, Römer, Römisches Reich 39, 42, 54, 60–69, 71, 94, 108
Romulus 61
Rosette 33
Rotes Meer 37
Russland 131, 145, 147

S
Saul 38
Salomon 38
Santiago de Compostela 82
Sarah 36
Scheherazade 76
Schottland 151
Schwarzes Meer 65
Schweiz 66
Seth 27
Sinai 37
Sindbad 76, 77
Sioux 135, 138
Sirenen 57
Sitting Bull 138–139
Smith, John 121
Spanien, Spanier, spanisch 65, 66, 80, 82, 102, 104, 105, 106107, 125, 132, 133
Sparta 56
Stalingrad 147

Stonehenge 17
Südamerika 80, 105, 132
Südpol 122, 123
Süleiman der Prächtige 108–109
Susa 58
Syrien 65

T
Tahiti 122
Tenochtitlan 79
Teutoburger Wald 68
Theben 24
Theseus 48–49
Thot 26, 31
Tigris 18
Topkapi 109
Toussaint l'Ouverture 133
Trafalgar 130
Troja 56
Tutenchamun 24, 33

U
Ur 36

V
Varus 68
Vercingetorix 67, 68
Versailles 10–111
Vespucci, Amerigo 105
Vesuv 70
Villa, Pancho 133
Vorderer Orient 74

W
Wallis 122
Waterloo 131
Wounded Knee 139

Y
Yukatan 78

Z
Zapata 133
Zapatisten 133
Zeus 50, 52, 52, 53, 54, 55
Zweistromland 18, 36

Weitere Lexika und Bildwörterbücher im Programm:

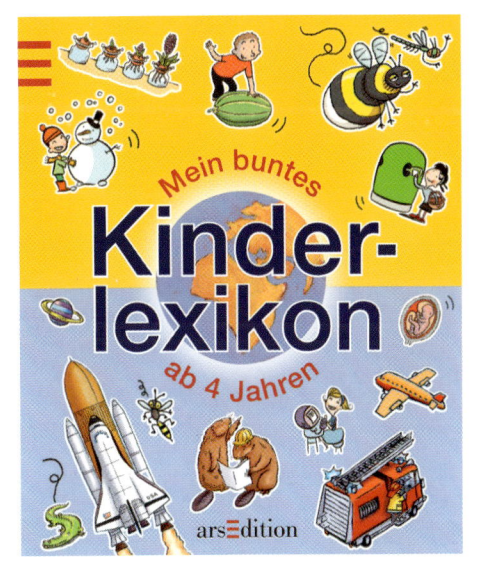

ISBN 3-7607-4733-7

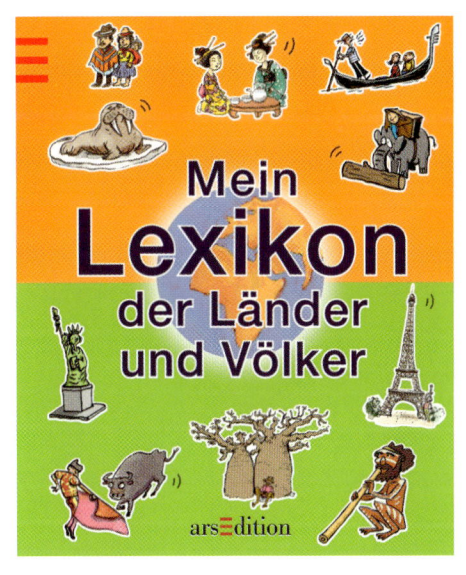

ISBN 3-7607-4753-1

ISBN 3-7607-4780-9

ISBN 3-7607-4800-7